Amor para Toda la Vida

Dr. James C. Dobson

EDITORIAL BETANIA

AMOR PARA TODA LA VIDA
© 1990 EDITORIAL CARIBE
P.O. Box 141000
Nashville, TN 37214-1000

Publicado originalmente en inglés con el título de
LOVE FOR A LIFETIME
Copyright © 1987 por James C. Dobson
Publicado por Multnomah Press
Portland, Oregon 97266, E.U.A.

Versión castellana: Luis Marauri

ISBN 0-88113-021-4

Printed in U.S.A.

E-mail: caribe@editorialcaribe.com

14ª Impresión

"Ustedes pueden edificar un matrimonio estable que resista las tormentas de la vida."

Tonterías de los recién casados

No hace mucho, me puse a cambiar los canales en nuestra televisión y momentáneamente me detuve a mirar el programa titulado: *"All New Newlywed Game"* *("El nuevo juego de los recién casados")*. Fue una mala decisión. El sonriente anfitrión, Bob Eubanks, hizo una serie de preguntas tontas a un grupo de mujeres recién casadas cuyos esposos se encontraban aislados en un cuarto donde no podían escuchar lo que se hablaba frente a las cámaras. Desafió a las mujeres a que predijeran las respuestas de sus esposos a preguntas más o menos como éstas:

"¿Cuál fue el lugar exacto donde su esposo la vio a usted completamente desnuda por primera vez?"

"Si usted y su esposo llegaran a separarse, ¿cuál de los amigos de él sería el primero en tratar de enamorarla?"

"¿Cómo describiría la primera vez que usted y su esposo hicieron el amor, utilizando los siguientes términos de la televisión: 'estreno', 'reestreno', o 'cancelada'?"

"¿Cuál habría sido el lugar menos indicado donde, si hubieran podido, habrían hecho ustedes el amor?"

Sin vacilar un momento, aquellas mujeres dieron francas respuestas a éstas y a otras preguntas íntimas. Hubo momentos en que pensé que yo no debía estar mirando ese programa; y en verdad, generaciones pasadas se habrían ruborizado y quedado sorprendidas ante semejante franqueza. Pero el anfitrión permaneció imperturbable, y luego les dijo a las mujeres que respondieran a esta pregunta: "¿Qué clase de insecto le recuerda su esposo cuando está romántico con usted?" Si creé que esa pregunta fue ridícula, considere la siguiente respuesta de una de las concursantes: "A un oso." Cuando el esposo de esa mujer se dio cuenta de que ella no podía distinguir la diferencia entre un insecto y un mamífero, la golpeó frenéticamente con la tarjeta de respuesta que tenía en su mano; y ella dijo: "Bueno . . . ¡yo no sabía!"

Unos pocos minutos después, se les dio a los hombres la oportunidad de humillar a sus esposas. Y ellos la aprovecharon. Entre otras preguntas, preparadas para producir hostilidad entre los dos sexos, se les pidió que completaran la siguiente frase: "Usted no habrá visto algo verdaderamente feo hasta que haya visto (el, la, los, las) _____ de mi esposa". ¡Fue divertido ver cómo las recién casadas se retorcían avergonzadas, cuando los esposos describían sus defectos físicos delante de los espectadores en el estudio y ante millones de televidentes! Durante todo el programa los hombres y las mujeres continuaron golpeándose en la cabeza, unos a otros, con sus tarjetas de respuesta y llamándose "tonto (o tonta)". No aguanté más. No pude seguir mirando. Se ha dicho que los programas de televisión reflejan los valores en que mayormente cree la sociedad a la cual están sirviendo. Que Dios nos ayude si eso es verdad en este caso. Las respuestas impulsivas de los recién casados revelaron su vergonzosa falta de madurez, su egoísmo, su hostilidad, su vulnerabilidad y sus sentimientos de inferioridad. Estos son los ingredientes principales de la inestabilidad matrimonial y, muy frecuentemente, del divorcio. Una enorme cantidad de hombres y mujeres divorciados y desilusionados pueden confirmar muy bien esta realidad.

De cada diez matrimonios hoy en día en los Estados Unidos, cinco terminarán en tremendos conflictos y en divorcio. Esto es una verdadera desgracia . . . pero, ¿se ha preguntado alguna vez qué es lo que les sucede a los demás? ¿Navegan felizmente hasta el puerto seguro? ¡Difícilmente! Según el sicólogo clínico Neil Warren, quien habló en mi programa radial: *Focus on the Family (Enfoque a la Familia)*, permanecerán juntos para toda la vida, pero experimentando varios grados de falta de armonía. El se refirió a una investigación realizada por el doctor John Cuber, cuyos descubrimientos fueron publicados en un libro titulado: *The Significant Americans (Los norteamericanos importantes)*. Cuber descubrió que algunas parejas permanecerán casadas por el bien de los hijos, mientras que otras pasarán los años en un estado de relativa indiferencia. Algo increíble es que sólo uno o dos de los diez matrimonios llegará a disfrutar de lo que podríamos llamar "intimidad" en su relación.

Con esa palabra, *"intimidad"*, el doctor Warren se refiere a ese lazo místico de amistad, entrega y comprensión que parece desafiar toda explicación. Ocurre cuando un hombre y una mujer, que son individuos separados y diferentes, se combinan en una sola unidad que la Biblia llama "una carne". Estoy convencido de que el espíritu humano anhela esta clase de amor incondicional, y experimenta algo que podríamos llamar "hambre del alma" cuando no puede conseguirla. También estoy seguro de que la mayoría de las parejas *esperan* llegar a tener intimidad en el matrimonio, pero por alguna razón no la logran.

"La intimidad . . . el lazo místico de amistad, entrega y comprensión."

A las parejas que están formalmente comprometidas y que contemplan un futuro matrimonio, así como a aquellos que están viviendo sus primeros años como marido y mujer, les pido que me permitan formularles estas preguntas difíciles: Cuando se escriba la historia de su familia, ¿qué se dirá en ella? ¿Cultivarán un matrimonio íntimo, o inexorablemente viajarán camino al divorcio, con los consabidos arreglos para dividirse las propiedades, peleas por la custodia de los hijos y con sus sueños hechos añicos? ¿Cómo van a vencer las enormes probabilidades, según las estadísticas, de que su matrimonio sea un fracaso? Afortunadamente, ustedes no son simplemente víctimas pasivas en el desarrollo del drama de su vida juntos. *Pueden* edificar una relación matrimonial estable que resista las tormentas de la vida. Todo lo que necesitan es tener el deseo de lograrlo, acompañado de unos cuantos consejos y orientación.

Este libro ha sido escrito con el propósito de proveer esa orientación y guía. Está específicamente dirigido a los adultos solteros, a las parejas que están formalmente comprometidas y a los matrimonios que todavía no han celebrado su décimo aniversario. En él se concentra la atención en los principios y los conceptos que ayudarán a un matrimonio a protegerse y equiparse para "perdurar". Parte de la información compartida aquí fue obtenida de esposos y esposas que han disfrutado del éxito en sus matrimonios durante treinta, cuarenta o cincuenta años y que, por lo tanto, se han ganado el derecho de aconsejarnos. También examinaremos los principales peligros que dañan la relación matrimonial, y ofreceremos algunos consejos sobre cómo evitarlos. Finalmente, como es de suponer, dependeremos de los principios de Dios, quien es el Creador de la familia. Sin duda, su consejo es seguro.

Empecemos, ¿quieren? No hay mejor momento que éste, durante los primeros años, para colocar el fundamento apropiado para lograr un matrimonio firme como una roca.

"La clave de un matrimonio saludable es mantener los ojos bien abiertos antes de casarse . . . y medio cerrados después."

Cómo evitar cometer
el peor error de su vida

Me contaron la historia de un joven que se enamoró de una muchacha muy bonita, y poco después la llevó a su hogar para que sus padres la conocieran antes de pedirle que se casara con él. Pero, a la mamá del joven no le gustó nada la muchacha y se negó a dar su aprobación. Tres veces ocurrió lo mismo con diferentes muchachas, lo cual lo hizo sentirse muy enojado. Por último, estando ya desesperado, encontró a una muchacha que era asombrosamente como la mamá de él. Se parecían en todo, hasta en la forma de caminar y hablar. *Seguramente, mi madre aprobará a esta muchacha que he escogido.* Con una ilusión enorme, llevó a esta nueva amiga a su hogar . . . ¡y esa vez fue su *padre* quien no pudo verla ni en pintura!

Este joven tenía un problema, pero él no es el único. Encontrar a la persona ideal para amarla por toda la vida puede ser uno de los mayores retos. Para cuando llegue el momento en que usted encuentre un compañero o una compañera que sea sensato, fiel, maduro, disciplinado, inteligente, resuelto, amable, abnegado, atractivo y piadoso, estará demasiado agotado para que le interese. Además, el simplemente *encontrar* a esa persona maravillosa es sólo la mitad de la tarea, conseguir que esa persona se interese en *usted* es harina de otro costal.

Lo difícil que es el identificar y atraer a la pareja ideal está demostrado muy claramente por las actuales estadísticas de la desintegración de la familia. El año pasado, hubo 2,4 millones de divorcios en los Estados Unidos solamente. ¡Qué tragedia! La duración promedio de esos matrimonios destruidos fue de sólo siete años, y la mitad de ellos se deshizo tres años después de la boda. ¿Cómo pudo ocurrir eso? Ninguna de esas parejas esperaba el conflicto y el dolor que se produjo tan rápidamente. Se quedaron asombradas . . . sorprendidas . . . afligidas. De pie ante el altar se habían prometido fidelidad para siempre, sin jamás imaginarse que estaban cometiendo el mayor error de sus vidas. Por años, me he preguntado por qué ocurre este choque con la realidad y cómo puede ser evitado.

Parte del problema es que muchas parejas se casan sin haber tenido el ejemplo de un buen matrimonio en sus hogares durante sus años de formación o desarrollo. Si la mitad de las familias se están desintegrando hoy día, eso quiere decir que la mitad de los adultos jóvenes que están en edad de casarse sólo han visto conflictos y desilusión en el hogar. Estos jóvenes han sentido la indiferencia y han "escuchado" el frío silencio entre sus padres. No es de extrañarse que los recién casados de hoy en día tengan tantas dificultades al comienzo de su matrimonio. Algunos deciden no casarse debido a sus dudas acerca de poder llegar a tener un matrimonio duradero.

No es cierto que ya no se pueden establecer buenos matrimonios y que los esposos y las esposas están destinados a herirse y a rechazarse mutuamente. La familia fue idea de Dios y El no se equivoca. Dios observó la soledad que afligía a Adán en el huerto del Edén, y dijo: "No es bueno que el hombre esté solo." Por eso es que El le dio una mujer para que ella compartiera los pensamientos de él y sintiera el toque de su mano. El matrimonio es algo maravilloso cuando funciona como debe, pero ahí radica el problema. Hemos caído en ciertas formas de conducta que debilitan el lazo matrimonial e interfieren con las relaciones duraderas.

"El simplemente encontrar a esa persona maravillosa es sólo la mitad de la tarea."

Entre esas costumbres destructivas se encuentra la tendencia que tienen los hombres y las mujeres jóvenes de casarse con personas que casi no conocen. Oh, yo sé que una pareja típica se pasa un sinnúmero de horas hablando durante su noviazgo, y los dos creen que se conocen bien. Pero el noviazgo está diseñado para *ocultar* información, no para revelarla. Los novios hacen lo posible por causar una buena impresión, escondiendo costumbres, imperfecciones, temperamentos y hechos que los puedan hacerse sentir avergonzados. Por lo tanto, la novia y el novio se casan habiéndose hecho una serie de suposiciones acerca de cómo será la vida de ellos después de la boda. Unas pocas semanas después, se produce un enorme conflicto cuando descubren que difieren radicalmente en aquellos asuntos que cada uno considera inflexibles. Entonces se prepara el escenario para las discusiones y las ofensas que nunca ocurrieron durante el noviazgo.

Por eso creo firmemente en el asesoramiento prematrimonial. Cada pareja que está comprometida formalmente, hasta las que parecen adaptarse perfectamente, debe participar, por lo menos, en unas seis a diez sesiones de asesoramiento con alguien que esté entrenado para ayudarles a prepararse para el matrimonio. El propósito principal de estos encuentros es identificar las suposiciones que cada uno de los dos tiene y descubrir y solucionar las áreas de conflicto potencial. Las siguientes preguntas tienen que ver con algunos de los asuntos que deberían ser evaluados y tratados en la presencia de un consejero o pastor que pueda ayudarles.

- ¿Dónde van a vivir después de casarse?
- ¿Trabajará fuera de la casa la esposa? ¿Hasta cuándo?
- ¿Van a tener hijos? ¿Cuántos? ¿Cuándo comenzarán a tenerlos? ¿Con cuántos años de intervalo entre uno y otro?
- ¿Volverá a trabajar fuera de la casa la esposa después de dar a luz? ¿Cuánto tiempo se quedará en casa?
- ¿Cómo se disciplinará a los hijos? ¿Cómo se les alimentará y se les educará?
- ¿A qué iglesia asistirán?
- ¿Hay diferencias teológicas que necesitarán tener en cuenta?
- ¿En qué forma serán diferentes los papeles de ustedes dos en el matrimonio?
- ¿Cómo responderá cada uno a la familia política?
- ¿Dónde pasarán ustedes la Navidad y otros días festivos?

- ¿Cómo tomarán las decisiones económicas?
- ¿Quién se encargará de pagar las cuentas?
- ¿Qué creen ustedes acerca de hacer compras a crédito?
- ¿Comprarán un auto con dinero tomado a préstamo? ¿Cuándo lo comprarán? ¿Qué clase de auto será?
- ¿Cuán íntima esperan que sea la relación de ustedes, en cuanto a lo sexual, antes del matrimonio?
- Si los amigos o las amigas de su novio o su novia son diferentes, ¿cómo será la relación que usted tendrá con ellos o ellas? ¿Cuáles son los mayores temores o recelos que usted tiene acerca de su futuro cónyuge?
- ¿Qué es lo que usted espera de él o ella?

La lista de preguntas importantes es casi interminable, y surgen muchas sorpresas a medida que se habla de estos puntos. Algunas parejas descubren, de pronto, problemas grandes que no habían salido a la superficie hasta entonces . . . y se ponen de acuerdo en posponer o cancelar la boda. Otras parejas se abren paso a través de los conflictos, y siguen adelante con los planes de matrimonio con una confianza mayor. El esfuerzo que requiere esto es muy beneficioso para todos.

Alguien ha dicho: "La clave de un matrimonio saludable es mantener los ojos bien abiertos antes de casarse . . . y medio cerrados después." Yo estoy de acuerdo.

El conocido consejero y autor, Norman Wright, quien es quizás el maestro de maestros del asesoramiento prematrimonial, ha escrito y ha hablado extensamente sobre este tema. El hizo varias observaciones muy importantes durante una entrevista reciente en mi programa radial.

1. *Las parejas no deben anunciar su compromiso formal, o escoger la fecha de la boda hasta que se haya completado, por lo menos, la mitad de las sesiones de asesoramiento.* De esa manera, si surgen conflictos que son imposibles de resolver, cada uno puede seguir su camino sin sentirse avergonzado.

2. *Las parejas deben pensar muy bien las consecuencias de sus decisiones en cuanto a tener hijos.* Por ejemplo, cuando un hombre y una mujer que están formalmente comprometidos indican que tienen la intención de tener tres hijos, a un intervalo de tres años cada uno, ¡eso significará que después que su primer hijo nazca ellos no estarán solos en su. hogar por veintiséis años más! Al escuchar eso, frecuentemente las parejas se quedan estupefactas y comienzan a hablar acerca de cómo van a nutrir su relación matrimonial y a mantenerla viva durante los años en que estén criando a sus hijos. Este intercambio de ideas es muy útil para ambos.

3. *La incompatibilidad espiritual es muy común entre las parejas hoy en día.* Un hombre y una mujer pueden compartir la misma fe, pero uno de los dos es relativamente inmaduro y el otro es un creyente maduro en su fe. En esos casos, las parejas deben orar juntas y en silencio por tres o cuatro minutos al día, y después compartir en voz alta aquello por lo cual oraron.

El señor Wright recomienda a las parejas que, después de haberse casado, todas las mañanas cada uno le pregunte al otro: "¿Cómo puedo orar por ti hoy?" Al final del día deben hablar de los asuntos que mencionaron en la mañana y los dos juntos orar acerca de ellos. ¡Esa es una buena manera de manejar la tensión en cualquier clase de relación!

4. *Otro asunto, que con frecuencia es una fuente de conflicto, es que uno o ambos cónyuges continúen dependiendo de sus padres.* Es más probable que este problema ocurra si la persona nunca ha vivido lejos del hogar. El advierte que en esos casos se deben tomar medidas adicionales para aminorar esa dependencia. Se pueden hacer arreglos para que la persona cocine su propia comida, lave su ropa y se vaya independizando de otras formas. La protección excesiva de los padres puede destruir el matrimonio si no es reconocida y tratada de una manera adecuada.

5. *Muchos padres hoy en día pagan por el asesoramiento prematrimonial como un regalo a su hijo o hija que está por casarse.* Creo que ésta es una excelente idea y, posiblemente, es la mejor forma en que el padre y la madre pueden ayudar a sus hijos para que lleguen a tener un matrimonio duradero.

Bueno, el propósito de todo lo dicho ha sido ayudar a las parejas jóvenes a entrar en su relación matrimonial con buen pie. El asesoramiento prematrimonial es una formidable manera de empezar. Si no se hace un esfuerzo específico con el fin de superar los obstáculos para comprenderse, la luna de miel puede ser una cita a ciegas con el destino.

¡Hay un camino mejor!

*"Haga la elección de su
compañero o compañera matrimonial
muy cuidadosamente y en oración . . .
no hay cambio o devolución."*

Ahora más que nunca, la virtud es una necesidad

En el capítulo anterior dije: "Hemos caído en ciertas formas de conducta que debilitan el lazo matrimonial e interfieren con las relaciones duraderas." No ha habido un ejemplo mejor de este ataque a la institución del matrimonio que la revolución sexual que invadió nuestra manera de pensar a fines de los años sesenta. Y sí, todavía estoy enojado acerca de ello. Aquellos de nosotros que sacamos nuestros valores morales de la Biblia nos sentimos horrorizados y desanimados cuando vimos que reglas morales que habían existido por cuatro mil años eran arrojadas a la basura. La represa que contenía la enorme reserva de energía sexual se derrumbó de repente, dejando en libertad una avalancha de inmoralidad. Algunos profesores y líderes religiosos, que debieran haber sabido más, se expresaron apoyando las relaciones sexuales antes de casarse, las aventuras amorosas fuera del matrimonio, el estilo de vida homosexual y casi todas las demás cosas viles que dos, cuatro o veinte personas podrían hacer juntas.

Todavía conservo un artículo que fue publicado en la revista *TIME* del día 13 de diciembre de 1971, en el que cuatro importantes iglesias anunciaron su nuevo punto de vista acerca de las relaciones sexuales fuera del matrimonio. Después de un cuidadoso análisis habían llegado a la conclusión de que cuando el mandamiento dice: "No", lo que realmente quiere decir es: "Tal vez", y que las relaciones sexuales deben ser disfrutadas por dos enamorados de cualquier sexo que puedan fabricar alguna clase de "relación significativa". Al fin, la gente había sido "liberada" de su "esclavitud" sexual. Millones se entregaron a la celebración debajo de las sábanas.

"La familia ha sido profundamente herida . . . y tal vez nunca se recupere."

Ahora, veinte años después, estamos tambaleándonos como resultado de una epidemia de treinta y ocho enfermedades venéreas, con nuevos microorganismos devastadores que aparecen cada pocos años. En las mujeres jóvenes los casos de cáncer cervical han aumentado en proporciones nunca antes vistas. La epidemia del SIDA amenaza literalmente a toda la raza humana. Hay unos veinte millones de norteamericanos que padecen de herpes genital, y que pueden esperar padecerlo por el resto de sus vidas. Las publicaciones obscenas y las películas se han vuelto tan groseras que muchas veces los novatos sienten náuseas al verlas. Millones de muchachas están dando a luz antes de salir de la infancia. Solamente en los Estados Unidos, sin tener en cuenta otros países, cada año se están realizando un millón y medio de abortos. Y lo *más* importante de todo es que la familia ha sido profundamente herida . . . y tal vez nunca se recupere.

Estas son las consecuencias de nuestro gran experimento con la liberación. Hasta personas que se encuentran fuera de la fe cristiana, ahora están de acuerdo en que la revolución sexual fue un completo desastre. Los resultados prueban que la abstinencia sexual antes del matrimonio y la fidelidad de toda la vida eran ideas muy buenas después de todo. También algunos sociólogos están volviendo a descubrir los beneficios de la represión sexual, y actúan como si hubieran encontrado un concepto totalmente nuevo. Otros, aún no están dispuestos a admitir que aquí están en juego asuntos morales inmutables. Por el contrario, están buscando maneras de continuar con la libertad sexual sin ser dañados por ella. Están recomendando las "relaciones sexuales sin peligro, seguras" a los que están dispuestos a arriesgarse, con la esperanza de que los anticonceptivos masculinos los protegerán de los estragos de las enfermedades venéreas. La tragedia es inevitable. *¡No existen las "relaciones sexuales sin peligro", de la misma manera que no existe la protección de los efectos del pecado!* Cuando la persona escoge vivir en contra de las leyes de Dios, no hay ningún lugar donde se pueda esconder.

Quisiera hacer esta importante pregunta a todos los que recomiendan el uso de anticonceptivos masculinos como respuesta al SIDA: Si usted supiera que esa persona, hacia la cual se siente atraído sexualmente, estaba muriéndose de esa temible enfermedad, ¿dependería de una bolsa de goma muy fina para protegerse del contagio? ¿Se expondría a que el sudor y la saliva de esa persona infectada entraran en contacto con su cuerpo? Lo dudo. Los anticonceptivos masculinos fallan un 10 por ciento de las veces cuando son usados con el propósito para el que fueron hechos, o sea prevenir el embarazo en el acto sexual normal. ¿Cuánto más frecuentemente se rompen o desintegran, cuando los homosexuales los usan en su acto sexual anormal? No se sabe. Pero de esto estoy completamente seguro: El pecado tiene consecuencias que son inevitables, y estamos destinados a sufrir cuando quebrantamos los mandamientos de Dios. ¡La paga del pecado es muerte . . . aún!, y siempre será así.

Lo que estoy recomendando a cada uno de mis lectores que no están casados es esto: ¡NO SE META EN LA CAMA A NO SER QUE SE ACUESTE SOLO! La virginidad no es solamente la única manera de evitar las enfermedades venéreas, sino que también es el mejor fundamento para un matrimonio saludable. Esa es la forma en que el sistema fue diseñado por el Creador, y todavía nadie ha ideado una forma de mejorar su plan. Nosotros somos criaturas sexuales, tanto física como sicológicamente. Nuestra misma identidad ("¿Quién soy yo?") comienza con el género que nos ha sido dado, masculino o femenino, y con lo que éste implica. Casi todos los aspectos de la vida son influenciados por esta base biológica. ¿Quién puede negar las fuerzas hormonales y reproductoras que determinan nuestra manera de pensar y de comportarnos? Teniendo en cuenta esta naturaleza, y la enorme importancia que la misma tiene, hasta un ateo debería haber reconocido los peligros de la revolución sexual y los cambios que ésta presagiaba. Con toda seguridad, cualquier trastorno de semejantes proporciones ciertamente tendrá consecuencias muy serias para la estabilidad de la familia. ¿Cómo podíamos *esperar* preservar las relaciones íntimas entre hombres y mujeres, cuando las reglas que gobiernan el comportamiento sexual habían sido puestas al revés? La desintegración de la familia era inevitable.

Permítame explicar el porqué la abstinencia sexual es tan importante para el matrimonio y cómo está relacionada con el proceso del "enlace emocional". Para hacerlo, me referiré a lo que dije en mi libro: *Love Must Be Tough (El amor debe ser firme)*, en el cual hablé de los resultados de una investigación realizada por el doctor Desmond Morris. Estas ideas me fueron comunicadas por medio de los escritos de mi buen amigo el doctor Donald Joy, a quien estoy muy agradecido por llamar mi atención a las mismas. Considero que el concepto del enlace emocional es uno de los más importantes de todos los que se han presentado en relación con el tema del matrimonio duradero. Siga leyendo detenidamente, por favor.

Este enlace emocional es el pacto que une a un hombre y a una mujer para toda la vida y que hace que sean tremendamente valiosos el uno para el otro. Es esa cualidad especial que aparta a esos dos enamorados de todas las demás personas. Es el regalo de compañerismo dado por Dios a aquellos que lo han experimentado.

Pero, ¿cómo ocurre esa unión especial y por qué está ausente en tantos matrimonios? Según los doctores Joy y Morris, es más probable que ese enlace emocional se produzca entre las parejas que han avanzado lenta y sistemáticamente a través de doce pasos durante su noviazgo y los primeros años de su matrimonio. Estas etapas, que se describen a continuación, representan un desarrollo progresivo de intimidad física de la cual a menudo surge un compromiso permanente.

1. *Una mirada al cuerpo.* Una mirada revela mucho acerca de una persona, el sexo, la estatura, el aspecto, la edad, la personalidad y la condición social. La importancia que las personas le asignan a

esta clase de criterio determina si se sentirán atraídas unas a otras.

2. *Una mirada a los ojos.* Cuando un hombre y una mujer que no se conocen intercambian miradas, su reacción más natural es mirar en otra dirección, por lo general sintiéndose turbados. Si sus ojos se encuentran de nuevo, es posible que se sonrían, lo cual es señal de que quizás les gustaría llegar a conocerse.

3. *El contacto de la voz.* Sus primeras conversaciones son lugares comunes e incluyen preguntas como éstas: "¿Cómo se llama?" "¿Dónde trabaja?" Durante esta larga etapa los dos aprenden mucho acerca de las opiniones de cada uno, los pasatiempos, las actividades, las costumbres, las cosas que les gustan y las que no les gustan. Si ambos son compatibles, se hacen amigos.

4. *El contacto de las manos.* La primera vez que se produce el contacto físico entre la pareja suele ser en una ocasión que no es romántica, como cuando el hombre ayuda a la mujer a bajar un escalón o a salvar algún obstáculo. Hasta ese momento cualquiera de los dos puede retirarse de la relación sin rechazar al otro. Sin embargo, si continúa, el contacto de sus manos se convertirá finalmente en una evidencia del lazo romántico entre ellos.

5. *La mano en el hombro.* Este abrazo cariñoso está aún libre de compromiso. Es la clase de abrazo de "buenos compañeros", en el que el hombre y la mujer están uno al lado del otro. Se encuentran más preocupados por el mundo que está enfrente de ellos que el uno por el otro. El contacto de la mano con el hombro revela una relación que es más que

una amistad íntima, pero probablemente no es verdadero amor.

6. *La mano en la cintura.* Como esto es algo que normalmente dos personas del mismo sexo no harían, es un gesto claramente romántico. Los dos están bastante cerca uno del otro como para compartir secretos o mantener una conversación íntima. Sin embargo, mientras caminan lado a lado, cada uno con la mano en la cintura del otro, aún están mirando hacia adelante.

7. *Cara a cara.* Esta clase de contacto incluye mirarse a los ojos, abrazarse y besarse. Si ninguno de los pasos anteriores fue omitido, por medio de la experiencia, el hombre y la mujer habrán desarrollado una manera especial de comunicarse profundamente con muy pocas palabras. Al llegar a este punto, el deseo sexual se convierte en un factor importante en la relación.

8. *Caricias de la cabeza.* Esta es una extensión de la etapa anterior. Los dos se acarician la cabeza mutuamente mientras se besan o cuando están hablando. Casi nunca las personas le tocan la cabeza a alguien a no ser que exista una relación romántica o sean miembros de la misma familia. Eso es una expresión de intimidad emocional.

9-12. *Los pasos finales.* Los últimos cuatro pasos de este proceso de enlace emocional son claramente sexuales y privados. Son: (9) *mano a cuerpo*, (10) *boca a senos*, (11) *tocar debajo de la cintura*, y (12) *relación sexual*. Es evidente que estos últimos actos de contacto físico deben reservarse para la relación matrimonial, ya que son progresivamente sexuales y sumamente privados.

Lo que Joy y Morris dicen es que la intimidad debe avanzar lentamente para que la relación entre un hombre y una mujer llegue a alcanzar su potencial máximo. Cuando dos personas se aman profundamente y se comprometen de por vida, por lo general han desarrollado una enorme comprensión mutua que sería considerada insignificante por otras personas. Comparten infinidad de recuerdos privados que son desconocidos para el resto del mundo. Es ahí donde mayormente se originan los sentimientos que hacen que cada uno de ellos sea muy especial para el otro. Además, es muy importante que estos pasos sean dados en *orden de sucesión*. Cuando se llega a las últimas etapas antes de su debido tiempo, como por ejemplo, cuando los novios se besan apasionadamente la primera vez que salen juntos o tienen relaciones sexuales antes de casarse, algo precioso se pierde en su relación. En lugar de eso, el noviazgo debe ser nutrido por medio de paseos tranquilos y conversaciones en las que los dos comparten "secretos de enamorados" que colocan el fundamento de la intimidad mutua. Podemos ver cómo el ambiente actual de permisividad sexual y de lujuria contribuye a debilitar la institución del matrimonio y a dañar la estabilidad de la familia.

Antes que termine de hablar acerca de este concepto del enlace emocional, permítame enfatizar que el mismo no es aplicable sólo a las experiencias del noviazgo. Los matrimonios más prósperos son aquellos en que los cónyuges practican estos pasos regularmente en su vida diaria. El toque amoroso, la conversación, el tomarse de las manos, el mirarse a los ojos y el compartir recuerdos son tan importantes para las parejas en los años de la edad madura como para los jóvenes de veinte años. En verdad, ¡la mejor forma de reanimar una vida sexual cansada es ir a través de estos doce pasos que mencioné, con regularidad y con entusiasmo! Por el contrario, cuando se tienen relaciones sexuales sin haber pasado por las etapas de intimidad que debían haber precedido en días anteriores, es probable que la mujer se sienta "usada y abusada".[1] A los que ya están casados y ahora lamentan que no siguieron las etapas del enlace emocional en orden, o que omitieron algunos pasos importantes, quiero decirles que no es demasiado tarde para comenzar a ponerlos en práctica de nuevo. No conozco una manera mejor de desarrollar una relación más íntima con la persona que ama.

"La intimidad debe avanzar lentamente para que la relación entre un hombre y una mujer llegue a alcanzar su potencial máximo."

Como resumen podemos extraer siete recomendaciones de lo que hemos dicho, las cuales contribuirán a un matrimonio duradero:

1. *No apresure el período del noviazgo porque piensa que ha encontrado al compañero o compañera de toda la vida.* El famoso cantante Frank Sinatra lo dice muy bien en una de sus canciones: "No te apresures, tómalo con calma, haciendo las paradas necesarias a lo largo del camino." *Por lo menos* se necesita un año para que se produzca el proceso de enlace emocional, y aún más tiempo en algunos casos.

2. *Haga la elección de su compañero o compañera matrimonial muy cuidadosamente y en oración . . . nunca de una manera impulsiva o imprudente.* Se trata de una relación que es para siempre. Haga uso de toda su inteligencia y discreción, y luego

someta su decisión final a la voluntad de Dios. El
Señor lo guiará si espera en El.

3. *Vaya a través de las primeras nueve etapas de
intimidad de una en una y en el orden indicado.*

4. *No pase a las etapas 10-12 antes de casarse.
Llegue al lecho matrimonial siendo virgen.* Si es
demasiado tarde para preservar su virginidad,
comience a abstenerse desde hoy mismo . . . hasta
que se haya casado.

5. *Busque casarse con una persona que sea
virgen.* Esta pureza mutua le da un significado
especial al sexo en el matrimonio. Ninguna otra
persona ha invadido el mundo secreto que ustedes
dos comparten, porque cada uno se reservó ex-
clusivamente para el placer y el amor del otro. Al
seguir este plan bíblico está también protegiendo su
sistema reproductivo de nuevos virus, bacterias y
hongos que son transmitidos por medio del contacto
sexual indiscriminado. Ahora se sabe que cuando
una persona tiene relaciones sexuales con alguien
que es sexualmente inmoral, lo que sucede es que
está teniendo relación sexual con cada persona con
la que su compañero o compañera ha tenido relaciones en los últimos diez años. No hay nada mejor
que mantener la virginidad antes del matrimonio.

6. *Permanezca fiel a su cónyuge de por vida. ¡No
hay excepciones!*

7. *Continúe practicando las etapas del enlace
emocional durante toda su vida matrimonial, dis-
frutando de la maravilla del amor íntimo.*

Me parece escuchar decir a nuestros antagonis-
tas: "Eso es ridículo, y no es realista en nuestro
mundo de hoy." Tal vez sea así, pero algunas

personas prestarán atención y comprenderán. Algunos matrimonios sobrevivirán. Y a medida que la epidemia del SIDA continúe matando a nuestros amigos y a nuestros conocidos, este consejo tendrá más sentido cada año que pase. ¿Y por qué no habría de ser así? En primer lugar, ésa fue idea de Dios.

Ahora más que nunca, la virtud es una necesidad.

"Cuando una mujer se siente amada y protegida por su esposo, y hay intimidad entre ellos, es más probable que lo desee físicamente."

¡Viva la diferencia!

Mi esposa Shirley y yo hemos sido bendecidos con una relación maravillosa. Verdaderamente, ella es mi mejor amiga, y yo prefiero pasar tiempo con ella antes que con cualquier otra persona en el mundo. Pero también nosotros somos personas diferentes, y a veces hemos luchado con nuestras diferencias. Nuestro conflicto más serio ha continuado en pleno vigor por veintinueve años, y no vemos ninguna solución a corto plazo. El problema es que nosotros funcionamos con sistemas de calefacción interna totalmente diferentes. Yo tengo fuego en mis venas, y si se me da a escoger, prefiero un clima como el de Siberia. Shirley tiene hielo en sus venas, y tiembla de frío hasta en un día caluroso de California. Ella ha sacado la conclusión de que si los dos somos una sola carne, ¡ella va a hacer que esa carne sude! Sin llamar la atención, va hasta el termostato y lo sube lo más que puede. Todas las bacterias que hay en la casa empiezan a dar saltos de alegría y a reproducirse por millones. En unos pocos minutos, yo comienzo a enrojecerme y me pongo a abrir las puertas y las ventanas para sentir algún alivio. Hemos estado teniendo esa lucha ridícula desde nuestra luna de miel y continuará hasta que la muerte nos separe. Realmente, ha habido algunas veces en las que he pensado que por seguro la muerte nos separaría por causa de esta dificultad.

"Un esposo sabio y dedicado querrá comprender las necesidades sicológicas de su esposa y, luego, tratará de suplirlas."

Lo que me ha llamado la atención es cuántos esposos y esposas luchan con esta misma clase de problema. Es algo que en muchas oficinas molesta a los jefes y a sus secretarias, quienes se pelean por querer controlar la temperatura ambiental. Obviamente, la temperatura es una causa común de tensión entre los hombres y las mujeres. ¿Por qué? Porque típicamente las mujeres funcionan a un ritmo de metabolismo más bajo que el de los hombres. Esa es sólo una de las innumerables diferencias fisiológicas y emocionales entre los dos sexos. Si esperamos vivir juntos en armonía es importante que entendamos algunas de las otras formas en las que los hombres y las mujeres somos diferentes. El libro del Génesis nos dice que el Creador hizo *dos* sexos, no uno; y que El diseñó cada género para un propósito específico. Fíjese bien en la anatomía masculina y femenina, y se dará cuenta de que hemos sido formados para "adecuarnos" uno al otro. Esto es cierto no sólo en cuanto a lo sexual, sino también sicológicamente. Eva, habiendo sido hecha por Dios para satisfacer las necesidades particulares de Adán, fue entregada a él como su "ayuda idónea". ¡Qué lamentable ha sido el reciente esfuerzo para negar las diferencias entre el hombre y la mujer, considerándolos a los dos completamente iguales! Esto, simplemente, no está de acuerdo con la realidad.

Veamos, pues, algunas de las diferencias que existen entre los hombres y las mujeres. Tal vez, aun por medio de este examen superficial, podremos llegar a apreciar más la forma maravillosa y extraordinaria en que hemos sido hechos. El difunto doctor Paul Popenoe escribió un breve artículo sobre las diferencias fisiológicas entre los dos sexos. Quizá será de utilidad citar lo que él dijo en su artículo, titulado: "Are Women Really Different?" (¿Son realmente diferentes las mujeres?).

Una de las cosas menos aceptable del Movimiento de Liberación de la Mujer, así como de otros movimientos relacionados con éste, es que tratan de disminuir las diferencias entre los dos sexos. La idea principal de su debate, o mejor dicho, de sus declaraciones, es que tales diferencias son simplemente el resultado de diferencias en la educación y el entrenamiento, y que por lo tanto no son básicas. Ya que muchas de estas diferencias, aunque estuvieran relacionadas con la educación y el entrenamiento, han sido mantenidas por un millón de años o más, en verdad sería sorprendente que no estuvieran profundamente arraigadas en este momento. Pero la realidad es que los dos sexos son tan diferentes de muchas distintas maneras en las cuales no puede haber ningún cambio (anatomía y fisiología), que es un error muy serio el no hacer caso de esas diferencias o tratar de hacerlas desaparecer con palabras.

Considere una diferencia notable, que no es producida por la educación o el entrenamiento, como lo es la función femenina de la menstruación.

David Levy descubrió que la intensidad del instinto
maternal de la mujer, sus sentimientos maternales,
están relacionados con la duración de su período
menstrual y con la intensidad del flujo. Los
profundos cambios en la actividad de sus glándulas
de secreción interna también producen marcadas
diferencias en su comportamiento. En cualquier
grupo numeroso de mujeres de edad para tener
hijos, el 18 por ciento estará menstruando al mismo
tiempo. En contraste con ese porcentaje, las
autopsias de mujeres que se han suicidado han
mostrado que el 40, el 50, y hasta el 60 por ciento
de ellas, estaban teniendo su menstruación en el
momento que se quitaron la vida.

La doctora Katherine Dalton, en su artículo
titulado: *The Premenstrual Syndrome (El síndrome
premenstrual)*, resume muchas investigaciones de
cambios de comportamiento que muestran que una
gran cantidad de los crímenes realizados por
mujeres (63 por ciento en una investigación inglesa
y 84 por ciento en una francesa) no están dis-
tribuidos uniformemente a través del tiempo, sino
que se encuentran agrupados en el período premenstrual junto con los suicidios y los accidentes,
así como con una disminución de la calidad de las
tareas escolares, de la puntuación en las pruebas
de inteligencia, de la agudeza visual y de la rapidez
en las reacciones. Ella calculó que en los Estados
Unidos solamente la ausencia de las empleadas en
sus trabajos, relacionada con la menstruación,
ocasiona una pérdida de cerca de cinco mil millones
de dólares al año. Pero los accidentes, la ausencia
de las empleadas y las riñas en el hogar son sólo
una parte de las repercusiones sociales de síntomas
que afectan a todos. Podría llenarse un libro en el
que nada más se hablara de otras de las diferencias
biológicas entre los hombres y las mujeres que, de
una u otra forma, son de gran importancia para la
vida diaria y, por supuesto, no son resultado de
diferencias en la educación, el entrenamiento y las
actitudes sociales hacia los dos sexos.

He aquí un breve resumen de algunas diferencias entre los hombres y las mujeres:

1. Los hombres y las mujeres son distintos en cuanto a cada una de las células de sus cuerpos. Esta diferencia en la combinación de los cromosomas es la causa básica del desarrollo masculino o femenino, según sea el caso.

2. La mujer tiene una constitución de mayor longevidad, tal vez por causa de la diferencia en sus cromosomas. Normalmente, en los Estados Unidos las mujeres viven unos tres a cuatro años más que los hombres.

3. Los dos sexos son diferentes en su metabolismo basal. Normalmente el de la mujer es más bajo que el del hombre.

4. Son diferentes en la estructura del esqueleto, la mujer tiene la cabeza más pequeña, la cara más ancha, la barbilla menos saliente, las piernas más cortas y el tronco más largo. El dedo índice de la mano de la mujer suele ser más largo que el anular; con el hombre ocurre lo contrario. Los dientes de leche de los niños duran más que los de las niñas.

5. La mujer tiene más grande el estómago, los riñones, el hígado y el apéndice; y más pequeños los pulmones.

6. En cuanto a funciones orgánicas, la mujer tiene varias muy importantes de las cuales carece totalmente el hombre, como son la menstruación, el embarazo y la lactancia. Todas éstas influyen en su conducta y en sus sentimientos. Tiene más hormonas diferentes

que el hombre. Una misma glándula trabaja en forma diferente en los dos sexos: El tiroides de la mujer es más grande y más activo; se agranda durante el embarazo y también durante la menstruación. Hace que la mujer esté más propensa al bocio; le provee de resistencia al frío; está relacionado con la suavidad de su piel, con la ausencia relativa de pelo en su cuerpo y con una delgada capa de grasa subcutánea; todos estos elementos son importantes en el concepto de la belleza personal. También el tiroides contribuye a la inestabilidad emocional de la mujer, la cual se ríe y llora con más facilidad que el hombre.

7. La sangre de la mujer contiene más agua (20 por ciento menos de glóbulos rojos). Ya que éstos son los que suplen el oxígeno a las células del cuerpo, ella se cansa más fácilmente y está más propensa a desmayarse. Su capacidad para trabajar o realizar esfuerzos físicos está determinada estrictamente por la duración de las actividades que lleve a cabo. Cuando en Inglaterra, durante el tiempo de guerra, el día de trabajo en las fábricas aumentó de 10 a 12 horas, los accidentes de las mujeres aumentaron el 150 por ciento, y en los de los hombres no hubo ningún aumento.

8. En cuanto a fuerza física, los hombres tienen un 50 por ciento más fuerza que las mujeres.

9. El corazón de la mujer late más rápido (80 latidos por minuto y 72 el del hombre); la presión sanguínea (10 puntos más baja que la del hombre) varía de minuto a minuto, pero ella está mucho menos propensa a la hiperten-

sión, por lo menos hasta después de la menopausia.

10. La fuerza de su respiración o capacidad pulmonar es más baja, en la proporción de 7:10.

11. La mujer tolera las temperaturas altas mejor que el hombre; su metabolismo disminuye menos.[2]

"Los hombres y las mujeres son distintos en cuanto a cada una de las células de sus cuerpos."

Además de estas diferencias fisiológicas, cada uno de los dos sexos ha sido bendecido con una enorme variedad de características emocionales únicas. Un esposo sabio y dedicado querrá comprender las necesidades sicológicas de su esposa y, luego, tratará de suplirlas. En realidad, ése es el tema de mi libro: *What Wives Wish Their Husbands Knew About Women (Lo que las esposas desean que los maridos sepan sobre las mujeres).* Sin ninguna intención de buscar mi propio beneficio, recomiendo a los maridos jóvenes que lean ese libro, si quieren comprender cómo sus esposas son diferentes, y cómo sus necesidades particulares están relacionadas con la felicidad o con la depresión en el matrimonio.

Dicho en pocas palabras, en las mujeres, el amor está estrechamente unido a la autoestima. Para un hombre, las experiencias románticas con su esposa son agradables, tiernas y dignas de ser recordadas, pero no son necesarias. Para una mujer, esas experiencias son de vital importancia. Su confianza en sí misma, sus reacciones sexuales y su entusiasmo en la vida suelen estar directamente relacionados con esos tiernos momentos en que se ha sentido profundamente amada y apreciada por su esposo. Por eso es que las flores, los dulces y las tarjetas tienen más importancia para ella que para él. Por eso es que continuamente ella está tratando de despegar a su esposo de la televisión y del periódico, y no él a ella. Por eso es que el aniversario de bodas es tan importante para ella que *jamás* lo olvida. Y, ¡por eso es mejor que tampoco *él* lo olvide! Esta necesidad de amor romántico no es una rareza o peculiaridad de su esposa, como algunos pueden pensar. Esta es la forma en que las mujeres han sido hechas, y si alguno de mis lectores masculinos se siente confundido con lo que estoy diciendo debiera ir de inmediato a la librería más cercana. Necesita leer mi libro que mencioné en el párrafo anterior. Se han vendido dos millones de ejemplares del mismo. De esa cantidad 1.999.999 fueron comprados por mujeres para ponerlos por la noche sobre las almohadas de sus esposos. El ejemplar restante fue a dar a las manos de un esposo de carácter apacible al que su esposa le *dijo* que lo comprara.

Los hombres también necesitan comprender que las mujeres están inclinadas a preocuparse más que ellos por el hogar y por todo lo relacionado con él. No sé si su esposa o novia tiene este instinto hogareño, pero por años he observado ese interés que tienen las mujeres en cada detalle concerniente a la casa en que ellas y sus familias viven. Tengo que admitir que no todas las mujeres mantienen la casa bien arreglada. Conozco a algunas señoras muy desordenadas, pero incluso en esos casos, suele haber algún tipo de interés en la casa y en lo que hay en ella. A veces los esposos no comprenden la importancia de esa inclinación.

Shirley y yo nos dimos cuenta de que teníamos diferentes perspectivas hace algunos años, cuando compramos una parrilla de gas para usarla en el patio de nuestra casa. Le pagamos a un plomero para que la instalara y nos fuimos por el resto del día. Cuando regresamos vimos que estaba 20 centímetros demasiado alta. Los dos nos quedamos mirando aquel artefacto, y nuestras reacciones fueron muy distintas.

Yo dije: "Pues sí, el plomero cometió un error. La parrilla está demasiado alta. A propósito, ¿qué vamos a cenar esta noche?"

Shirley reaccionó más enérgicamente, y dijo: "¡No creo poder *tolerar* la vista de esa cuestión. Está demasiado alta, y no voy a usarla hasta que esté arreglada!"

Yo hubiera podido vivir el resto de mi vida sin volver a pensar en la parrilla, pero para Shirley aquello era un problema. ¿Por qué? Porque ella y yo vemos el hogar de una manera distinta. Así que, llamamos al plomero quien bajó la unidad unos 20 centímetros. Recomiendo que no sólo los maridos traten de complacer a sus mujeres en asuntos como éste que les preocupan a ellas, sino que también las esposas sean sensibles a las peculiaridades y a los intereses de sus maridos.

"¡Cuán redundante habría sido para el Creador hacer caer a Adán en un sueño profundo y luego formar otro hombre de su costilla!"

Hay una necesidad masculina a la que las esposas no deben dejar de prestar atención, porque la misma refleja qué es lo que los hombres desean más en sus hogares. Hace algunos años se realizó una encuesta para determinar qué es lo que más les interesa a los hombres, y qué es lo que ellos esperan que sus esposas comprendan. Los resultados de esa encuesta fueron sorprendentes. Lo que ellos deseaban más no eran muebles lujosos o algunas otras comodidades, sino disfrutar de *tranquilidad* en el hogar. La competencia es tan grande en los empleos hoy en día, y la tensión producida al tratar de satisfacer al patrón y de sobrevivir profesionalmente es tan fuerte, que es necesario que el hogar sea un refugio al cual pueda regresar el hombre. Es inteligente la mujer que trata de hacer que su hogar sea la clase de hogar que su esposo necesita.

Por supuesto, actualmente muchas mujeres trabajan fuera de la casa, y sus esposos no son los únicos que necesitan tener tranquilidad. Este es un problema para las familias en las que tanto el esposo como la esposa trabaja fuera del hogar. Y es aún más difícil para aquel padre o madre que cría a los hijos solo. No conozco ninguna solución sencilla para esas situaciones de tensión, aunque estoy convencido de que la inestabilidad emocional, y hasta algunas enfermedades físicas pueden ocurrir cuando no se tiene un "lugar de refugio". Se le debe dar prioridad a crear un ambiente en el hogar que supla esa necesidad, sin importar la estructura de la familia.

Bueno, hasta aquí con esta breve explicación sobre las diferencias entre los dos sexos. No sólo he tratado de decir que los hombres y las mujeres son diferentes (eso cualquier persona puede verlo), sino también que Dios es el Autor de esas diferencias, y nosotros debemos apreciarlas. Son nuestras características individuales las que le dan novedad y vitalidad a la relación matrimonial. Qué aburrido sería si los dos sexos fueran exactamente iguales, como las feministas radicales han tratado de hacernos creer. ¡Cuán redundante habría sido para el Creador hacer caer a Adán en un sueño profundo y luego formar otro hombre de su costilla! Pero El no hizo eso. Dios hizo una *mujer* y se la dio a Adán. El puso mayor fuerza y agresividad en el hombre y más suavidad y ternura en la mujer, y los adecuó para suplir sus necesidades mutuas. Y en su relación matrimonial, El simbolizó la unión mística que existe entre el creyente y Cristo. ¡Qué concepto más maravilloso!

Les digo a ustedes, los que están casados: Alégrense de sus diferencias individuales y aprendan a transigir cuando sus individualidades masculina y femenina choquen. O, como una vez dijo un francés desconocido: *"¡Vive la différence!"* Ese debe de haber sido un hombre que tenía un matrimonio feliz.

"En estos días, en los que por doquier las familias se están desmoronando, no nos arriesguemos a querer salir adelante por nuestros propios medios."

Fundamentos del matrimonio cristiano

En un esfuerzo por sacar provecho de las experiencias de personas casadas que han tenido éxito, les pedimos a varios matrimonios que participaran en una investigación informal. Más de seiscientas personas estuvieron de acuerdo en hablarles francamente a los jóvenes sobre los conceptos y métodos que habían dado resultado en sus hogares. Cada una de ellas escribió comentarios y recomendaciones que fueron cuidadosamente analizados y comparados. El consejo que dieron no es nuevo, pero ciertamente representa un buen lugar para comenzar. Al tratar de aprender a realizar cualquier labor, se debe empezar con los *fundamentos*, o sea esos primeros pasos sobre los cuales todo lo demás se desarrollará después. Nuestro grupo de seiscientas personas ofreció tres recomendaciones básicas con las que probablemente estaría de acuerdo todo creyente consagrado.

1. Un hogar centrado en Cristo

Lo primero que recomendó ese grupo de matrimonios fue que los recién casados establezcan y mantengan un *hogar centrado en Cristo*. Todo lo demás descansa sobre este fundamento. Si un esposo y una esposa jóvenes están profundamente entregados a Jesucristo, ellos disfrutan de enormes ventajas en comparación con el matrimonio que carece de dimensión espiritual.

"Un esposo y una esposa jóvenes, que están profundamente entregados a Jesucristo, disfrutan de enormes ventajas en comparación con el matrimonio que carece de dimensión espiritual."

Para mantener un hogar centrado en Cristo es esencial mantener una vida de oración profunda, significativa. Por supuesto, algunas personas utilizan la oración de la misma manera en que algunos siguen las instrucciones de los horóscopos, tratando de manipular a un "poder superior" que no conocen, de acuerdo con sus deseos. Un amigo mío admite en tono de broma que todas las mañanas él hace una oración cuando pasa por una pastelería en el camino a su empleo. El sabe que los pasteles le hacen daño, pero le gustan mucho. Por lo tanto, le pide permiso al Señor para darse el gusto.

En su oración, él dice: "Si es tu voluntad que esta mañana me coma un pastelito, permite que haya disponible un lugar de estacionamiento cuando dé vuelta a la manzana." Si no puede encontrar lugar para estacionar su auto, vuelve dar la vuelta y ora otra vez.

Shirley y yo hemos tomado nuestra vida de oración un poco más seriamente que este amigo. En realidad, esta forma de comunicación entre el hombre y Dios ha sido *el* factor estabilizador durante nuestros veintisiete años de vida matrimonial. En los momentos buenos, en los difíciles, en los de ansiedad y en los períodos de alabanza a Dios, nosotros hemos compartido este privilegio maravilloso de hablar directamente con nuestro Padre celestial. ¡Qué tremendo concepto! No necesitamos conseguir una cita para entrar a su presencia. No tenemos que hablar primero con sus subordinados o sobornar a sus secretarias. Dios siempre está allí, cada vez que nos inclinamos ante El. Algunos de los momentos sobresalientes de mi vida han ocurrido en esas tranquilas reuniones con el Señor.

Nunca olvidaré la ocasión en que hace algunos años nuestra hija Danae terminó de aprender a manejar. Había estado tomando lecciones en una escuela de conducir, y finalmente llegó el momento en que por primera vez manejaría nuestro auto sola. Créame cuando le digo que si ese día el nivel de mi ansiedad se hubiera podido medir habría llegado hasta las nubes. Algún día, usted sabrá cuán aterrador es el darle las llaves del auto a un muchacho o una muchacha de dieciséis años que no se da cuenta de la poca experiencia que tiene para manejar. Shirley y yo nos quedamos parados en frente de la casa, temblando de miedo, mientras que Danae se fue en el auto, desapareciendo a lo lejos. Entonces, nos dimos vuelta para entrar a la casa y le dije a mi esposa: "Bueno, mi amor, el Señor dio y el Señor quitó." Afortunadamente, en unos pocos minutos Danae regresó, sana y salva, y detuvo el auto muy cuidadosamente y con mucho control. ¡El auto hizo el sonido más agradable que en una situación de ansiedad como ésa puede oír un padre o una madre!

Fue durante ese tiempo que Shirley y yo hicimos el pacto de orar por nuestro hijo y nuestra hija al final de cada día. No sólo estábamos preocupados por el peligro de un accidente automovilístico, sino que también nos dábamos cuenta de muchos otros peligros que estaban al acecho en una ciudad como Los Angeles. Nuestra parte del mundo es conocida por su gente rara, excéntrica y chiflada. Esa es una de las razones por las cuales todas las noches nos ponemos de rodillas y pedimos la protección divina para nuestros hijos que tanto amamos. Una noche nos sentíamos tan cansados que nos desplomamos en la cama sin haber orado. Estábamos ya casi dormidos, cuando de pronto la voz de Shirley rompió el silencio. "Jim", dijo. "Todavía no hemos orado por nuestros hijos. ¿No crees que debemos hablar con el Señor?"

Confieso que me fue muy difícil salir de debajo de las frazadas esa noche. Sin embargo, nos arrodillamos y oramos por la seguridad de nuestros hijos, poniéndolos una vez más en las manos de nuestro Padre.

Luego supimos que esa noche Danae y una amiga suya habían ido a una cafetería y después de haber comprado unas hamburguesas y unos refrescos condujeron el auto por unos pocos kilómetros y se detuvieron al costado del camino y se pusieron a comer. Al poco rato de estar allí, se acercó un vehículo de la policía, alumbrando en todas las direcciones con su reflector. Evidentemente, estaba buscando a alguien, pero pasó al lado de ellas hasta que se perdió de vista.

A los pocos minutos, Danae y su amiga oyeron un ruido debajo del auto. Muy nerviosas, se miraron una a la otra, y oyeron como un golpe en el metal. Antes que se pudieran ir de allí, vieron a un hombre que salió arrastrándose de abajo del auto y se paró al lado de la ventanilla del pasajero. Se veía muy desaseado y tenía la apariencia de un vagabundo. Tenía puestos unos anteojos muy raros. Inmediatamente el hombre se acercó a la puerta y trató de abrirla, pero gracias a Dios estaba trancada. Rápidamente, Danae arrancó el auto y se fueron de allí . . . a tal velocidad, que sin duda establecieron un récord.

Más tarde, cuando nos enteramos de la hora en que todo había ocurrido, nos dimos cuenta de que era precisamente la hora en que Shirley y yo habíamos estado orando. Nuestras oraciones habían sido contestadas. ¡Nuestra hija y su amiga estaban sanas y salvas!

Es imposible que yo exagere la necesidad de la oración en la vida familiar; y no sólo como un escudo contra el peligro. Tener una relación personal con Jesucristo es la piedra angular del matrimonio, que le da significado y propósito a cada aspecto de la vida. Doblar nuestras rodillas en oración, al comienzo o al final del día, nos da la oportunidad para expresar nuestras frustraciones y preocupaciones, que tal vez no serían ventiladas de otra manera. Al otro lado de la "línea" de nuestra oración está nuestro Padre celestial, quien nos ama y ha prometido escuchar y contestar nuestras peticiones. En estos días, en los que por dondequiera las familias se están desmoronando, no nos arriesguemos a querer salir adelante por nuestros propios medios.

Los matrimonios, en los que ambos no tienen una misma fe en el Señor, se encuentran en una posición vulnerable. Una señora cuya situación era ésa, me escribió la siguiente carta después que su esposo la dejara:

Estimado doctor Dobson:

Recientemente, mi esposo me dejó después de haber estado casados quince años. Tuvimos una magnífica relación física, emocional e intelectual, pero nos faltaba algo . . . no teníamos una unión espiritual entre nosotros.

Por favor, dígales a las parejas jóvenes que, sin Cristo, siempre habrá un vacío en sus vidas. Un buen matrimonio debe estar fundado en El para que pueda experimentar paz, gozo y un amor duradero.

Desde que mi esposo me abandonó, he tratado de reedificar mi relación con Dios. Ahora estoy creciendo en mi andar con el Señor, pero estoy sola.

Atentamente,

Se dijo una gran verdad en esta triste carta. La pareja que depende de la Biblia para la solución a las tensiones de la vida tiene una ventaja evidente en comparación con la pareja que no tiene fe. La Biblia que ellos aman es el Libro más maravilloso del mundo. Fue escrita por treinta y nueve autores, quienes hablaron tres idiomas diferentes y vivieron en un período de mil quinientos años. ¡Cuán milagrosa es la labor de esos escritores inspirados! Si hoy, dos o tres individuos fueran testigos de un robo en un banco, probablemente darían testimonios contradictorios del incidente. Y eso es porque la percepción humana es imperfecta. Sin embargo, esos treinta y nueve hombres que participaron en la escritura de la Biblia, de los cuales la mayoría ni se conocieron jamás, prepararon sesenta y seis libros individuales que están de acuerdo unos con otros en perfecta continuidad y armonía. Todo el Antiguo Testamento hace una sola afirmación: "Jesús viene", y el Nuevo Testamento declara: "¡Jesús vino!"

Al leer las Sagradas Escrituras tenemos "acceso" a la mente del Padre. ¡Qué maravilloso recurso tenemos a nuestro alcance! El Creador, quien de la nada le dio comienzo a todo lo que existe, que hizo las hermosas montañas, los ríos, las nubes y los niños pequeñitos, ha escogido revelarnos la historia confidencial de la familia. El matrimonio y la paternidad fueron ideas *suyas*, y El nos dice en su Palabra cómo podemos vivir juntos en paz y armonía. De todo se habla en la Biblia, desde la administración del dinero hasta nuestras actitudes sexuales, y cada precepto lleva la aprobación personal del Rey del universo. ¿Por qué habría alguien de hacer caso omiso de este recurso supremo?

"Es imposible que yo exagere la necesidad de la oración en la vida familiar."

Finalmente, la vida cristiana le da estabilidad al matrimonio porque naturalmente sus principios y valores producen armonía. Cuando se pone en práctica, la enseñanza cristiana enfatiza el compartir con otros lo que tenemos, la autodisciplina, la obediencia a los mandamientos divinos, la conformidad a las leyes de los hombres, y el amor y la fidelidad entre marido y mujer. Dicha enseñanza es también un escudo contra el alcoholismo, la pornografía, los juegos de azar, el materialismo y otras formas de conducta que podrían dañar la relación conyugal. ¿Será extraño que una relación centrada en Cristo sea el fundamento del matrimonio?

Aleksandr Solzhenitsyn, el gran disidente ruso, dijo en una ocasión: "Si se me pidiera que con pocas palabras identificara la principal característica del siglo veinte, no podría encontrar nada más claro y expresivo que lo que ya he dicho otras veces: Los hombres se han olvidado de Dios."

No permita que esto ocurra en su hogar. Probablemente ustedes se arrodillaron y oraron juntos durante la ceremonia de su boda. Regresen diariamente a esa fuente de fortaleza y de estabilidad.

2. El amor comprometido

La segunda sugerencia de esos seiscientos "expertos" representó otro concepto básico. Se trata del amor comprometido que está preparado para resistir las tormentas inevitables de esta vida. Hay ciertas cosas que habrán de afectarnos a todos nosotros en nuestra existencia terrenal, pero una de las cosas indiscutibles es que en alguna ocasión todos experimentaremos infortunios y tensiones. Nadie permanece ileso. La vida nos probará a todos sin compasión; si esto no ocurre durante la juventud, será cuando estemos llegando al final de nuestra existencia. El Señor Jesús habló de esta experiencia inevitable cuando les dijo a sus discípulos: "En el mundo tendréis aflicción; pero confiad, yo he vencido al mundo" (Juan 16:33).

El doctor Richard Selzer es un cirujano que ha escrito dos excelentes libros sobre sus queridos pacientes: *Mortal Lessons (Lecciones mortales)* y *Letters to a Young Doctor (Cartas a un joven doctor)*. En el primero de los dos describe las "horribles" experiencias que tarde o temprano invaden nuestra vida. Dice que cuando somos jóvenes parecemos estar resguardados contra ellas de la manera en que nuestro cuerpo está protegido contra las infecciones causadas por las bacterias. Por todas partes estamos rodeados de organismos microscópicos, sin embargo, el mecanismo de defensa de nuestros cuerpos eficazmente los mantiene a raya . . . al menos por un tiempo. Igualmente, cada día caminamos en medio de un mundo• de horror, como si estuviéramos cubiertos con una membrana impenetrable que nos protege. Es posible que durante los años saludables de la juventud ni siquiera nos demos cuenta de que existen peligros que podrían causarnos dolor. Pero un día, esa membrana protectora se rompe sin habernos dado ninguna señal de advertencia, y el horror invade nuestras vidas. Hasta la llegada de ese momento, siempre era la desgracia de otro . . . la tragedia de alguna otra persona . . . y no la nuestra propia. La rotura de esa membrana protectora puede ser una experiencia devastadora, especialmente para aquellos que no tienen el consuelo que Jesús da en los momentos de tribulación.

Durante los catorce años que presté mis servicios en una Facultad de Medicina observé a distintos matrimonios en los momentos cuando el horror comenzó a penetrar en sus vidas. Frecuentemente, su relación matrimonial se destrozaba por motivo de las nuevas tensiones que enfrentaban. Por ejemplo, muchas veces los padres que habían tenido un hijo retrasado mental se culpaban uno al otro por esa tragedia. En lugar de aferrarse uno al otro con amor y palabras de aliento, aumentaban su tristeza y dolor atacándose mutuamente. No los condeno por ese error humano, pero siento lástima por ellos. En su relación conyugal faltaba un ingrediente básico, el cual permaneció sin ser reconocido hasta que la membrana se rompió. Ese ingrediente se llama . . . *compromiso*.

Hace unos diez años, escuché al difunto doctor Francis Schaeffer hablar sobre este tema. El describió los puentes que fueron construidos en Europa por los romanos, en los siglos primero y segundo después de Jesucristo. Todavía están en pie hoy, a pesar de que fueron hechos con ladrillos no reforzados y con argamasa. ¿Por qué no se han derrumbado en estos tiempos modernos de camiones y otras clases de equipos pesados? Permanecen intactos porque solamente se usan para tránsito peatonal. Si se manejara un camión de carga pesada a través de alguna de esas estructuras históricas, la misma se desplomaría convirtiéndose en una enorme nube de polvo y un montón de escombros.

Los matrimonios que carecen de una voluntad férrea que les haya hecho decidir permanecer unidos a toda costa, son como esos frágiles puentes romanos. Parecen estar firmes, y en verdad puede ser que permanezcan en pie . . . hasta que son puestos bajo fuerte presión. Es entonces que las junturas se rompen y se derrumba el fundamento. Me parece que hoy en día la mayoría de las parejas jóvenes se encuentra en esa posición increíblemente vulnerable. Su relación conyugal está hecha de barro no reforzado, que no podrá resistir las pesadas pruebas que tienen por delante. Simplemente no existe una decisión firme de sobrevivir juntos a pesar de todo.

Sin embargo, al enfatizar la importancia del amor comprometido esas seiscientas personas se refirieron no sólo a las grandes tragedias de la vida, sino también a las frustraciones diarias que deterioran y desgastan la relación conyugal. Esos irritantes de poca importancia pudieran ser aún más peligrosos para el matrimonio que los acontecimientos catastróficos que irrumpen en nuestra vida. Y es cierto que en todos los buenos matrimonios hay momentos en los que el esposo y la esposa no se gustan mucho uno al otro. Existen ocasiones cuando ellos piensan que no van a poder volver a querer a su cónyuge. Así son las emociones. De vez en cuando se desinflan como la llanta de un automóvil; y viajar en un auto que tiene una llanta desinflada es una experiencia llena de sacudidas.

El siguiente aviso clasificado, que apareció en el periódico *Rocky Mountain News*, prueba mi punto:

Permuta. Cambio a mi esposa que no cocina, no hace las compras y tiene problemas de carácter por una entrada al partido de las finales de fútbol. No se aceptan devoluciones. Llamar inmediatamente a Jim al 762-1000.

Jim aseguró que ese aviso no era una broma, aunque a él le gustaba hacer bromas de ese estilo. Dijo que se le ocurrió esa idea después de mirar en la televisión un partido de fútbol un día que nevaba intensamente.

—Ella no quiso ir a hacer las compras —dijo él—. Dijo que los caminos estaban muy malos y me hizo ir a mí. Esas cosas me tienen cansado. Si alguien me hiciera esa permuta, no acepto devoluciones.

Jim y Sharon han estado casados ocho años, y le preguntaron a Sharon qué pensaba de este aviso.

Ella respondió: —Es hombre muerto.

La ultima vez que los vimos, habían resuelto ese malentendido y siguen felizmente casados. Esta anécdota contiene un mensaje para los recién casados: No cuenten con que van a tener una relación apacible. *Habrá* momentos de conflictos y de desacuerdos. *Habrá* períodos emocionalmente insípidos, en los que cada uno de ustedes no podrá hacer otra cosa que soltarle un bostezo a su cónyuge. Así es la vida, según dicen.

¿Qué hará usted, entonces, cuando las inesperadas tormentas azoten su hogar, o cuando el silencio y la melancolía llenen su vida? ¿Hará las maletas y se irá con su mamá? ¿Pondrá mala cara y llorará y buscará maneras de tomar represalias? ¿O su compromiso le mantendrá firme? Estas preguntas deben hacerse *ahora*, antes que Satanás tenga la oportunidad de poner en su cuello el lazo del desaliento. Manténganse firmes. No deben permitir que nada, fuera de la muerte, se interponga entre ustedes dos. ¡Nada!

Esta actitud determinada está ausente en la mayoría de los matrimonios hoy en día. Hace algunos años leí acerca de una boda en la que los novios se prometieron: "Permaneceré contigo mientras te ame." Dudo que su matrimonio haya durado siquiera hasta ahora. La emoción del amor es muy efímera para que pueda mantener unida una relación conyugal por mucho tiempo. Es algo que viene y que se va. Por eso es que nuestro grupo de matrimonios se mantuvo firme en cuanto a este punto. Ellos han vivido lo suficiente como para saber que un compromiso matrimonial débil habrá de terminar inevitablemente en divorcio. Un escritor dijo:

> El matrimonio no es un país de encanto de los que se relatan en los cuentos de hadas. Pero usted puede crear un oasis de amor en medio de un mundo cruel e indiferente, esforzándose por producirlo y manteniéndose firme.

Otro dijo:

> No existe la perfección. Usted tiene que enfrentar los primeros años de matrimonio con un permiso de aprendiz, para aprender a resolver sus incompatibilidades. Se trata de un esfuerzo continuo.

Esas opiniones no parecen ser muy románticas, ¿verdad?, pero son resultado de la sabiduría que se obtiene por medio de la experiencia. Un hombre y una mujer no son compatibles simplemente porque se aman y porque han profesado ser creyentes. Muchas parejas jóvenes se imaginan que la alegría y las flores, que caracterizaron el noviazgo, van a continuar por el resto de sus vidas; y no es así. Hay que ser ingenuo para esperar que dos personas distintas, y de voluntad firme, van a adaptarse una a la otra como si fueran un par de máquinas. Hasta los engranajes tienen montones de dientes desiguales que tienen que ser pulidos antes que puedan funcionar juntos en armonía.

Ese proceso de pulimento suele ocurrir durante el primer o el segundo año de matrimonio. El fundamento para todo lo que habrá de venir después es colocado en ese tiempo crítico. Lo que muchas veces ocurre durante ese tiempo es una lucha espectacular por el poder en la relación conyugal. ¿Quién tendrá el mando? ¿Quién obedecerá? ¿Quién decidirá cómo se gastará el dinero? ¿Quién se saldrá con la suya en los momentos de desacuerdo? Todo está a disposición de cualquiera de los dos al principio, y la manera en que sean tomadas estas primeras decisiones habrá de preparar el escenario para el futuro.

Ahí está el peligro. Abraham Lincoln dijo: "Una casa dividida contra sí misma, no puede permanecer." Si los dos que forman la pareja comienzan su relación matrimonial preparados para la contienda durante esos dos primeros años, el fundamento empezará a derrumbarse. El apóstol Pablo nos comunicó la perspectiva divina sobre las relaciones entre las personas, no sólo en el matrimonio, sino en todas las demás. El dijo: "Nada hagáis por contienda o por vanagloria; antes bien con humildad, estimando cada uno a los demás como superiores a él mismo" (Filipenses 2:3).

Ese versículo contiene más sabiduría que la mayoría de los libros de asesoramiento matrimonial combinados. Si se obedeciera, prácticamente podría eliminarse el divorcio de la lista de experiencias de los seres humanos.

3. La comunicación

La tercera recomendación dada por esas parejas casadas representa otro ingrediente de los buenos matrimonios. Se trata de la buena comunicación entre el marido y la mujer. Este tema ha sido tratado extensamente por distintos autores de libros sobre el matrimonio, así que voy a considerarlo brevemente. Sin embargo, me gustaría ofrecer algunas ideas acerca de la comunicación en el matrimonio de las que se ha hablado un poco menos, pero que podrían ser muy útiles para los jóvenes recién casados.

En primer lugar, se debe comprender que los hombres y las mujeres son diferentes en otra manera que no he mencionado antes. Trabajos de investigación han demostrado que las niñas tienen mayor habilidad lingüística que los niños, y esa habilidad permanece siendo un talento de toda la vida. Dicho más sencillamente, ellas hablan más que ellos. Cuando es adulta, la mujer expresa sus sentimientos y sus pensamientos mucho mejor que su esposo, y suele irritarse por la reticencia de él. Es posible que Dios le haya dado a ella 50.000 palabras por día, y a él sólo 25.000. Cuando regresa a casa del trabajo, él ya ha hecho uso de 24.975 palabras, y lo único que hace es emitir gruñidos el resto de la noche. Puede ser que él pase el tiempo mirando un partido de fútbol en la televisión, mientras que su esposa está muriéndose por utilizar las 25.000 palabras que todavía no ha usado.

Erma Bombeck (famosa columnista satírica) se quejó de esta tendencia que tienen los hombres a quedarse absortos mirando los programas deportivos en la televisión, mientras que las esposas anhelan tener compañerismo con ellos. Ella llegó a "proponer" para su aprobación una nueva ley que sería llamada "la ley de Bombeck". Según esta ley, un hombre que hubiera mirado 168.000 partidos de fútbol en una temporada, legalmente podría ser declarado muerto. Todas las mujeres que estén a favor, digan: "Sí."

La naturaleza de la personalidad humana es tan compleja que siempre hay algunas excepciones a cualquier generalización. Sin embargo, competentes consejeros matrimoniales saben que el que los esposos sean incapaces de revelar sus sentimientos a sus esposas, o que no quieran hacerlo, es una de las quejas más comunes de las mujeres. Casi podríamos declararlo como una norma fundamental: Muéstreme un esposo callado y reservado, y yo le mostraré una esposa frustrada. Ella quiere saber qué es lo que él piensa y qué fue lo que pasó en su trabajo, así como cuál es su opinión en cuanto a los hijos y, muy especialmente, cómo se siente acerca de ella. En contraste con ella, el esposo prefiere no decir ciertas cosas. Este es el conflicto clásico.

"Manténganse firmes.
No deben permitir que nada, fuera
de la muerte, se interponga entre
ustedes dos. ¡Nada!"

La paradoja es que algunas veces una mujer muy sentimental y conversadora se siente atraída a un hombre del tipo firme y callado. El parecía tan seguro y "en control" antes que se casaran. Ella admiraba su naturaleza imperturbable y su tranquilidad en medio de las crisis. Luego se casaron, y el reverso de lo que era su punto fuerte se hizo evidente. ¡El nunca hablaba! Entonces ella se pasó los próximos cuarenta años rechinando los dientes porque su esposo no *podía* darle lo que ella tanto necesitaba de él. Simplemente era incapaz de dárselo.

El conocido compositor y cantante norteamericano Paul Simon escribió una canción titulada *I Am a Rock* ("Soy una roca"), la cual expresa los sentimientos de un individuo introvertido. La persona, a quien la canción se refiere, ha sido herida y se ha refugiado dentro de sí misma para protegerse. Cuando lea la letra de esa canción, imagínese los tremendos problemas de comunicación que esa clase de hombre y su infeliz esposa experimentarían en su matrimonio:

Un día invernal
En el oscuro mes de diciembre,
Estoy solo,
Mirando desde mi ventana
A las calles más abajo,
Cubiertas por un silencioso manto de
    nieve.

Soy una roca,
Soy una isla.

He levantado murallas,
Una fortaleza profunda y fuerte,
Que nadie puede penetrar.
No necesito la amistad de nadie.
La amistad causa dolor.
Desprecio su risa y su amor.

Soy una roca,
Soy una isla.

No me hables de amor;
Ya escuché antes esa palabra;
Está dormida en mi memoria.
No perturbaré el sueño de
    sentimientos muertos.
Si nunca hubiera amado, nunca
    hubiera llorado.

Soy una roca,
Soy una isla.

Tengo mis libros
Y mi poesía para protegerme;
Estoy revestido de mi armadura,
Escondido en mi habitación,
Seguro en mi caparazón.

No acaricio a nadie y nadie me
acaricia a mí.

Soy una roca,
Soy una isla.

Y una roca no siente dolor;
Y una isla nunca llora.[3]

Por desgracia, las esposas y los hijos de hombres
que son como rocas e islas sufren y lloran. Pero,
¿cuál es la solución para esta clase de problemas de
comunicación en el hogar? Como siempre, requiere
que ambos estén dispuestos a transigir. El hombre
tiene la clara responsabilidad de "alegrar a la mujer
que tomó" (Deuteronomio 24:5]. No debe pretender
que él es "una roca", y que nunca volverá a ser
vulnerable. Tiene que esforzarse en abrir su corazón
y compartir sus sentimientos más íntimos con su
esposa. Se debe reservar tiempo para entablar
conversaciones que valgan la pena. Ir de paseo, ir a
desayunar afuera y montar en bicicleta los sábados
por la mañana, son actividades que promueven la
conversación, lo cual mantiene vivo el amor. *Puede*
haber comunicación hasta en familias en las que el
esposo es introvertido y la esposa es comunicativa.
En estos casos, creo que la responsabilidad principal de transigir recae en el esposo.

Por otra parte, las mujeres deben aceptar el
hecho de que algunos hombres no pueden ser lo
que ellas quieren que ellos sean. Ya he hablado
anteriormente de la necesidad que las mujeres
tienen de aceptar esta realidad, tal y como se las he
presentado en *Lo que las esposas desean que los
maridos sepan sobre las mujeres*.

Algunas de las mujeres que han leído este libro
están casadas con hombres que nunca podrán
entender las necesidades femeninas que he descrito.
La estructura emocional de ellos les impide com-

prender los sentimientos y las frustraciones de otra persona, especialmente las del sexo opuesto. Estos hombres no leerán un libro como éste, y probablemente sentirían resentimiento si lo hicieran. Nunca se les ha exigido "compartir", y no tienen ninguna idea de cómo hacerlo. ¿Cuál debe ser entonces la reacción de sus esposas? ¿Qué haría usted si su marido no tuviera la capacidad para ser lo que usted necesita que él sea?

Mi consejo es que cambie lo que se pueda cambiar, explique lo que se pueda entender, enseñe lo que se pueda aprender, revise lo que se pueda mejorar, resuelva lo que se pueda solucionar, y negocie lo que considere negociable. Produzca el mejor matrimonio posible con la materia prima de dos seres humanos imperfectos, con dos personalidades totalmente distintas. En cuanto a todos los bordes ásperos que nunca podrán ser pulidos, y las faltas que nunca podrán ser erradicadas, trate de desarrollar la mejor perspectiva posible, y determine en su mente el aceptar la realidad tal y como es. El primer principio de la salud mental es aceptar lo que no puede ser cambiado. Fácilmente podría sufrir un ataque de nervios por causa de circunstancias adversas que estén fuera de su control. Usted puede decidir mantenerse firme, o puede rendirse a la cobardía. La depresión suele ser evidencia de haberse rendido emocionalmente.

Alguien escribió:

> La vida no puede darme gozo y paz;
> depende de mí el tenerlos.
> La vida sólo me da tiempo y espacio;
> depende de mí el llenarlos.

¿Puede aceptar usted la realidad de que su esposo nunca podrá satisfacer todas sus necesidades y anhelos? Rara vez un ser humano satisface todos los deseos y esperanzas que hay en el corazón de otro. Es evidente que ésta es una moneda que tiene dos caras: Tampoco usted puede ser la mujer perfecta. El no está más preparado para satisfacer todas las necesidades emocionales suyas de lo que está usted para satisfacer sus deseos sexuales cada veinticuatro horas. Ambos cónyuges tienen que aceptar las debilidades y los defectos humanos, así como la irritabilidad, la fatiga y las ocasionales "jaquecas" nocturnas. Un buen matrimonio no es uno en el que reina la perfección; es una relación en la que una sana perspectiva pasa por alto una multitud de problemas que no se pueden resolver. ¡Gracias a Dios mi esposa Shirley ha adoptado esta actitud hacia mí!

Estoy preocupado especialmente por la madre que tiene niños pequeños y que escoge permanecer en el hogar como ama de casa. Si espera que su esposo le provea toda la conversación de adulto y satisfaga cada una de sus necesidades emocionales, su matrimonio se estancará. El regresará a la casa del trabajo agotado y necesitando "tranquilidad", y en vez de eso lo que encuentra es una mujer que continuamente necesita atención y apoyo. Cuando ella ve que él es incapaz de satisfacer sus necesidades emocionales, ése es el comienzo de sus sufrimientos. Ella se deprime o se enoja (o las dos cosas), y él no tiene la menor idea de cómo puede ayudarla. Yo entiendo esta necesidad femenina y he tratado de expresársela claramente a los hombres. Sin embargo, la total dependencia de la mujer en el hombre ejerce una presión demasiado grande en la relación matrimonial, que a veces se rompe bajo el peso.

¿Qué puede hacerse, entonces? Una mujer, que tiene una cantidad normal de necesidades emocionales no puede simplemente hacer caso omiso de ellas, porque a gritos están pidiendo satisfacción. Por lo tanto, por mucho tiempo he recomendado que las mujeres que se encuentren en esta clase de situación traten de suplementar lo que sus esposos pueden darles, cultivando buenas amistades femeninas. Tener amigas con las que puedan conversar con toda sinceridad, estudiar la Biblia juntas y compartir distintas maneras de criar a los hijos, puede ser vital para la salud mental. Sin este apoyo adicional, la soledad y la falta de autoestima pueden acumularse y empezar a ahogar al matrimonio.

Esta solución de la compañía femenina parece ser algo tan natural que alguien podría preguntar qué importancia tiene el recomendarla. Por desgracia, no es tan fácil de poner en práctica. Actualmente, las mujeres que quieren tener amigas tienen que buscarlas. En años recientes, hemos visto el fracaso de las relaciones entre las mujeres. Hace cien años las esposas y madres no tenían que buscar amigas. Eso era parte de la cultura. Las mujeres cocinaban juntas, lavaban la ropa en el río juntas, y cooperaban en las obras de caridad de la iglesia juntas. Cuando nacían los niños, la nueva madre era visitada por las tías, las hermanas, las vecinas y las mujeres de la iglesia, todas la ayudaban a cambiarle los pañales al bebé, a darle de comer y a cuidarlo. Había un sistema de apoyo automático alrededor de las mujeres que hacía sus vidas más fáciles. Su ausencia contribuye rápidamente a los conflictos matrimoniales y puede conducir al divorcio.

A la esposa joven que está leyendo estas palabras le aconsejo lo siguiente: *No permita que esto le suceda a usted.* Invierta algún tiempo en sus amigas, aunque esté muy ocupada. Resista la tentación de encerrarse dentro de las cuatro paredes de su casa y esperar a que su esposo satisfaga todas sus necesidades de amistad. Participe junto a su familia en las actividades de una iglesia que supla sus necesidades y que predique la Palabra de Dios. Recuerde que usted está rodeada de muchas otras mujeres con sentimientos similares. Encuéntrelas y comparta con ellas. Y en el proceso, aumentará su propia autoestima. Cuando se sienta contenta, su matrimonio prosperará. Parece demasiado sencillo, pero ésa es la manera en que estamos hechos. Hemos sido diseñados para que amemos a Dios y nos amemos unos a otros. Cuando alguna de estas dos funciones está ausente, los resultados pueden ser devastadores.

"El dinero es la mejor o la peor área de comunicación en el matrimonio."

Dinero: El gran autor de la discordia

Es interesante que el Señor Jesús, quien vino a este mundo para decir tantas cosas importantes, y por medio de quien todo lo que existe fue creado, habló más del dinero que de ningún otro tema. No sólo habló del dinero repetidas veces, sino que en la mayoría de sus declaraciones incluyó advertencias acerca del mismo. El tuvo un dramático encuentro con un joven rico. Relató las inquietantes parábolas del rico y Lázaro, y del rico insensato. Jesús dijo: "Porque donde esté vuestro tesoro, allí estará también vuestro corazón" (Mateo 6:21), y: "No sólo de pan vivirá el hombre, sino de toda palabra que sale de la boca de Dios" (Mateo 4:4). Y finalmente formuló una pregunta cuyo eco se ha escuchado a través del tiempo: "Porque ¿qué aprovechará al hombre, si ganare todo el mundo, y perdiere su alma?" (Mateo 16:26).

Veinte siglos más tarde, todavía tenemos que bregar con esa pregunta eterna.

Los años que han transcurrido desde entonces han mostrado claramente el porqué Jesús enfatizó tanto los peligros relacionados con el dinero. Los hombres lo han codiciado, han matado, han muerto y han ido al infierno por causa de él. El dinero se ha convertido en un obstáculo entre los mejores amigos, y ha hecho caer a los soberbios y orgullosos. Y agregado a todo esto, ha destruido completamente a millones de matrimonios. Probablemente el materialismo y las deudas han devastado más familias que ningún otro factor; y créame, el dinero podría destruir su matrimonio también.

"Jesús habló más del dinero que de ningún otro tema."

Los hombres y las mujeres se inclinan a sistemas de valores que son diferentes, lo cual provoca discusiones sobre el dinero. Por ejemplo, a mi padre le gustaba cazar, y no le preocupaba el gastar tres cajas de cartuchos de escopeta en una tarde de entretenida cacería. Sin embargo, si mi madre gastaba la misma cantidad de dinero en un "inservible" aparato de pelar papas, él consideraba que eso era un gasto innecesario, sin tener en cuenta que al ir de compras ella disfrutaba tanto como él cuando iba de cacería. Simplemente, ellos veían las cosas de manera diferente. Tratándose de gastos mayores, estas diferencias de opinión pueden producir terribles discusiones sobre cómo el matrimonio va a distribuir sus limitados recursos económicos.

Aunque parezca extraño, las personas que tienen recursos económicos ilimitados no corren menos peligro. Uno de los hombres más ricos de su tiempo, J. Paul Getty, cuya fortuna sobrepasaba los 4 billones de dólares, escribió estas palabras en su autobiografía, según se hizo referencia a la misma en un artículo publicado en el periódico *Los Angeles Times*, de febrero 9 de 1981:

> Nunca he sido propenso a la envidia . . . salvo la envidia que siento de las personas que tienen la habilidad para hacer que su matrimonio funcione y perdure con felicidad. Eso es un arte que nunca he podido tener. La historia de mi vida muestra cinco matrimonios y cinco divorcios. En resumen, cinco fracasos.

El artículo continúa diciendo:

> El calificó como "dolorosos" los recuerdos que tenía de su relación con sus cinco hijos. Mucho de ese dolor estuvo vinculado con su dinero. Su hijo favorito, Timothy, un niño débil que nació cuando Getty tenía 53 años, murió en 1958, a la edad de 12 años, de complicaciones de una cirugía, después de haber pasado la mayor parte de su vida enfermo y separado de su padre, quien siempre estaba lejos por causa de sus negocios.
>
> Otros miembros de la familia Getty también sufrieron debido a circunstancias trágicas. Un nieto, J. Paul Getty III, fue secuestrado, y cuando Getty se negó a pagar un rescate de 2,9 millones de dólares, los secuestradores retuvieron al muchacho por cinco meses y terminaron cortándole la oreja derecha. Aparentemente, su hijo mayor se suicidó en medio de extrañas circunstancias. Otro hijo, Gordon Paul Getty, ha sido descrito como una persona que ha vivido una existencia tormentosa. En cartas fue ridiculizado por su padre, y fue el hijo menos apreciado. Otros miembros de esta infeliz familia han experimentado sufrimientos parecidos.

No muchos de nosotros tendremos que preocuparnos por administrar una fortuna como la de J. Paul Getty, pero cualquiera que sea nuestra condición económica, hay principios monetarios que necesitamos comprender y poner en práctica si es que queremos proteger a nuestra familia. Debido a la naturaleza crítica de este tema, vamos a considerar el consejo de un experto. Lo siguiente es una versión editada de una entrevista que hace poco le hice a Larry Burkett en mi programa radial: *Focus on the Family (Enfoque a la Familia).* Larry es el presidente de *Christian Financial Concepts (Conceptos Económicos Cristianos),* y ha dedicado su vida a ayudar a las familias a vivir de acuerdo con sus ingresos. Creo que los siguientes consejos serán especialmente útiles para las parejas jóvenes que están estableciendo costumbres de gastar el dinero que durarán para toda la vida. Ahora es el momento oportuno para hacer suyos estos principios fundamentales.

DOBSON: *Larry, según su experiencia como consejero financiero, ¿cuál es el consejo más importante que puede darle a un matrimonio joven sobre cómo administrar su dinero?*

BURKETT: Sin ninguna duda, mi primer consejo tiene que ver con el área del crédito, que puede destruir a la familia. Como he enfatizado muchas veces, el crédito no es el verdadero problema sino el mal uso del mismo, que representa un gran peligro para el bienestar del hogar. A menudo les digo a las parejas que a cada una de sus tarjetas de crédito le pongan un letrero que diga: "¡Peligro! ¡Manéjese con cuidado!"

Hoy en día es tan conveniente tener crédito; puede ser usado para cualquier compra que uno pueda imaginarse. Para la mayoría de las familias el comprar a crédito cosas que no están a su alcance es una enorme tentación. Al hacer esto, no evitan el pago, que es inevitable, sólo lo aplazan, poniendo en peligro su futura seguridad económica.

DOBSON: *Por favor, describa cómo ocurre ese proceso. Cómo es que casi sin darse cuenta, un matrimonio joven puede meterse en serios problemas de crédito.*

BURKETT: Muchas de las parejas que he aconsejado, que están agobiadas por los créditos, comenzaron a andar por el camino que conduce a la ruina económica muy temprano en su matrimonio. Mientras que todavía resonaban en sus oídos las campanas nupciales, ya estaban haciendo arreglos con el fin de conseguir préstamos para comprar autos, refrigeradores y lavadoras de platos que realmente estaban fuera de su alcance. Aproximadamente dos años después de casarse estaban tan abrumados por los pagos que decidieron consolidar todas sus deudas en un solo préstamo. Esta maniobra les ayudó a sobrevivir por el momento, pero sólo demoró lo inevitable. Ellos no cambiaron sus costumbres de gastar el dinero y continuaron usando el crédito como un medio para hacerles frente a las emergencias inesperadas y para adquirir cosas que no necesitaban. No pasó mucho tiempo antes que sus pagos mensuales se convirtieran otra vez en una carga demasiado pesada, la única diferencia era que la deuda que ahora tenían era mucho más grande. Esto les condujo a sentirse desesperados y culpables, lo cual hizo que comenzaran a discutir y a echarse la culpa de sus problemas el uno al otro. Cuando ya habían ido muy lejos por ese camino, la quiebra y el divorcio se convirtieron en su más probable destino.

DOBSON: *¿Es muy común ese trágico escenario?*

BURKETT: Me temo que ocurre con demasiada frecuencia. Distintas investigaciones indican que aproximadamente el 80 por ciento de las parejas que quieren divorciarse dicen que la causa principal de su desacuerdo es el dinero.

DOBSON: *¿Cómo pueden evitar esas parejas echar por tierra sus finanzas y sus matrimonios?*

BURKETT: El dinero es la mejor o la peor área de comunicación en el matrimonio. Al principio del matrimonio, la pareja debe bregar con preguntas como: ¿Quién se encargará de hacer el balance de la chequera? ¿Qué tan seguido comeremos afuera? ¿Qué auto compraremos? ¿Cómo lo pagaremos? ¿Cómo usaremos las tarjetas de crédito?

"Un presupuesto no es nada más que un plan . . . no limita los gastos, sólo los define por categoría."

Si el esposo y la esposa no pueden tener conversaciones significativas sobre estas preguntas, y llegar a un acuerdo en cuanto a las mismas, probablemente no podrán hablar de las demás áreas que son tan importantes para una buena relación conyugal. Por eso es que recomiendo que cada pareja se siente y prepare un presupuesto familiar. Esta no es una idea popular, pero creo que muchas personas han tenido malas experiencias con los presupuestos porque han entendido mal el concepto. Por lo general hay tres razones por las cuales las parejas han fracasado en esta área. La primera es que algunos hombres piensan que el presupuesto es un arma que pueden usar para atacar las costumbres que sus esposas tienen de gastar el dinero. Como resultado, el presupuesto se convierte en una constante fuente de riñas y conflictos. La segunda es que hay quienes establecen un presupuesto poco realista que inevitablemente termina siendo arrojado a la basura. Y la última es que muchas familias tratan de corregir tres años de malas costumbres de gastar el dinero en tres meses. Esto hace que se desilusionen con el presupuesto porque no pueden tener éxito inmediatamente.

DOBSON: *¿Cuál es la manera adecuada de preparar un presupuesto?*

BURKETT: Un presupuesto no es nada más que un plan para gastar el dinero; no limita los gastos, sólo los define por categoría. Lo que un presupuesto dice es lo siguiente: "Tenemos una cantidad determinada de ingresos, y esto es lo que vamos a hacer con ellos." Si el esposo y la esposa pueden ponerse de acuerdo en cuanto a un plan básico y aprenden a apreciar sus puntos buenos, creo que también comenzarán a mejorar en otras áreas de comunicación.

DOBSON: *¿Cómo deben empezar a desarrollar su plan de gastos?*

BURKETT: Yo recomendaría que lo hagan teniendo en cuenta un presupuesto anual. Un presupuesto familiar adecuado no es un plan de gastos mensuales, sino de doce meses.

DOBSON: *¿Cuáles son las categorías principales que deben considerar, y que porcentajes deben asignárseles a cada una de ellas?*

BURKETT: Debo aclarar que los porcentajes que señalo son solamente pautas. En primer lugar, la pareja debe planear separar el 10 por ciento de sus ingresos brutos para el diezmo a su iglesia local. Y deben esperar que el gobierno tomará el 15 por ciento de impuestos de sus ingresos. Después deben tomar la cantidad restante y dividirla entre varias categorías con sus porcentajes correspondientes, según indico a continuación.

Vivienda	36%	Seguros	5%
Impuestos a la		Vida	
propiedad		Salud	
Alquiler/hipoteca		Hospitalización	
Reparaciones			

Víveres	22%	Ropa	5%
Automóvil	16%	Entretenimiento	8%
Préstamo del auto		Recreación	
Gasolina		Vacaciones	
Reparaciones			
		Varios	8%

Es evidente que estas categorías y porcentajes variarán según las prioridades y preferencias de la familia en particular. Pero ésta es una buena forma para comenzar.

DOBSON: *Por favor, explique cómo se separarían prácticamente los fondos designados para cada una de las categorías. ¿Puede dar un ejemplo?*

BURKETT: Recomiendo que si a usted le pagan dos veces al mes tome la cantidad designada para sus gastos de entretenimiento y la ponga en un sobre marcado con el nombre que le corresponde. Entonces cuando vayan a un restaurante, a un juego de béisbol, o al teatro, utilice el dinero que está en ese sobre. La clave del presupuesto es dejar de gastar para una categoría específica cuando el sobre de la misma está vacío. Esa es la única forma en que se producirán resultados.

DOBSON: *Estoy seguro de que al mirar estos porcentajes muchas personas llegarán a la conclusión de que necesitarán una segunda fuente de ingresos para poder cubrirlos. Si la esposa trabajara, ¿resolvería eso el problema?*

BURKETT: Por desgracia, si la motivación es hacerle frente a los gastos excesivos, el que la mujer trabaje sólo habrá de acelerar el dilema. Ella producirá mayores ingresos, lo cual les dará la capacidad para tomar más préstamos, y esto les llevará a mayores deudas. Se establecerá un círculo vicioso porque ella se verá obligada a tener que trabajar para poder hacer los pagos de sus préstamos.

DOBSON: *Usted no está recomendando que las mujeres recién casadas jamás trabajen, ¿verdad?*
BURKETT: Por supuesto que no. Yo no creo que la Biblia prohíba que la esposa trabaje fuera del hogar, sólo no la anima a que lo haga. Simplemente estoy sugiriendo que durante los años de tener hijos, cada pareja joven evite tener que depender del salario de la esposa. Necesitan aprender a vivir del salario del esposo. Si la mujer quiere trabajar, entonces si es posible sus ingresos deberían ahorrarse. Si dependieran de lo que ella gane y se enfermara o quedara embarazada, la presión de la necesidad de sus ingresos podría conducirles por el camino del crédito que describí anteriormente. Permítame reiterar que la segunda fuente de ingresos no es el problema, sino que el problema es la forma mala de gastar el dinero.

"Jamás llegará a ser egoísta la persona que comparte lo que tiene con los demás."

DOBSON: *¿Ha encontrado una diferencia entre los hombres y las mujeres en cuanto a sus actitudes hacia el dinero?*
BURKETT: Quizás esto le sorprenda, doctor Dobson, pero según mi experiencia, he notado que quienes gastan más dinero en nuestra sociedad no son las mujeres, como se nos ha hecho creer. Bajo un impulso una mujer comprará demasiada ropa o demasiados víveres. Bajo el mismo impulso, puede ser que su esposo compre un bote, un auto o un avión.
DOBSON: *¡Esto ciertamente se aparta de la manera acostumbrada de pensar! ¿No es cierto que las mujeres suelen controlar los bienes de la familia?*

BURKETT: Aunque puede que eso sea cierto, la mayoría de las familias que tienen problemas económicos se encuentran en esa situación por causa de los gastos impulsivos del esposo. Normalmente las mujeres son mucho más cuidadosas con el dinero que los hombres. Ellas están más inclinadas a mantener la seguridad y tienen un temor innato a las deudas. Por esto, yo siempre insisto en la importancia de la comunicación y el equilibrio en la relación conyugal y en las actitudes de la pareja acerca del dinero. El marido y la mujer deben estar de acuerdo en cuanto al presupuesto. Es un plan de cooperación mutua. La intención de Dios es que el esposo y la esposa sean "una sola carne" (Génesis 2:24). Ese principio debe ser practicado en el área de las finanzas.

DOBSON: *¿Quién debería llevar la contabilidad en la familia?*

BURKETT: Suponiendo que la pareja ha acordado un plan de gastos, yo sugeriría que sea la esposa la que lleve la contabilidad. Por lo general, ella es más disciplinada y está más motivada para hacer que el presupuesto tenga éxito. Esto no quiere decir que el esposo renuncia a su posición de líder en el área de las decisiones financieras. Recuerde que las decisiones más importantes fueron tomadas cuando el presupuesto fue establecido. La tarea de contabilidad es simplemente distribuir los gastos que ya han sido designados.

DOBSON: *¿Está usted de acuerdo en que la responsabilidad final para las finanzas de la familia es del hombre?*

BURKETT: Sí. Al igual que en otras áreas, el esposo ha sido nombrado en la Biblia como líder del hogar. El tendrá que dar cuenta a Dios del bienestar de su familia. Yo siempre aconsejo que el hombre intervenga en las finanzas de la familia si surge algún problema.

DOBSON: *¿Qué clase de seguros de vida son adecuados para la familia que tiene dificultades económicas?*

BURKETT: Hay dos preguntas fundamentales que deben ser hechas acerca de los seguros de vida. La primera es: *¿Qué clase de seguros se necesitan?* Los seguros deben usarse sólo para suplir las necesidades de la familia, jamás como una fuente de ganancias. Muchas parejas cometen el error de utilizar sus pólizas como medios de inversión, pero estos planes producen una ganancia muy baja (es posible que ni siquiera se mantengan al mismo paso que la inflación) y sólo sirven los intereses de la compañía de seguros. Se debieran hacer arreglos para que los seguros provean suficiente dinero para mantener el nivel de vida sostenido anteriormente por la persona que antes de morir era la principal fuente de ingresos.

La segunda pregunta es: *¿Qué clase de seguros pueden costear ustedes?* Como mencioné al hablar de los presupuestos, una buena norma para este gasto es aproximadamente el 5 por ciento de sus ingresos netos. Para la mayoría de las familias esto significa que la única opción es un simple seguro temporal.

DOBSON: *Si los seguros no son la mejor clase de inversión, ¿cuál lo es?*

BURKETT: Antes de hacer mis observaciones en esta área debo decir esta verdad evidente a modo de prólogo: "Si usted quiere mi consejo sobre inversiones, no siga mi consejo." Yo sé qué es lo que me da resultados, pero eso no quiere decir que le dará resultados a todos los demás. Sin embargo, estoy dispuesto a decir que la familia promedio debería invertir en cosas que tengan verdadero valor, cosas que son materialmente valiosas. Así que la mejor inversión que un matrimonio puede hacer es la compra de su casa. Es lógico pensar que la segunda mejor inversión sería una propiedad para alquilar. Si ellos tienen dinero extra que desean invertir, y no les importa el tener que hacer un poco de trabajo extra, entonces deberían comprar una casa que no esté en muy buenas condiciones para arreglarla y alquilarla. El valor de esa casa aumentará rápidamente y eso es algo con lo que pueden contar. Todo el mundo necesita un lugar donde vivir, a pesar de lo que ocurra con la economía.

En segundo lugar, manténgase en territorio familiar. Nunca invierta en algo que usted no entienda. Rara vez he conocido a un doctor que haya hecho dinero fuera de la medicina. La mayoría de los médicos hacen su dinero en la medicina y luego lo pierden invirtiendo en granjas agrícolas, en ranchos y en la perforación de pozos petroleros.

DOBSON: *Larry, aprecio profundamente sus puntos de vista porque representan verdades bíblicas que conciernen a cada matrimonio. Usted nos ha dicho muchas cosas que nos hacen pensar. Si pudiera resumir todos sus consejos en una sola declaración, ¿qué nos diría?*

BURKETT: Permítame concluir con cinco simples palabras: *No se metan en deudas.* Si las parejas jóvenes se olvidaran de todo lo demás que he dicho y sólo recordasen este concepto, puedo asegurarles que el futuro económico de su familia no sería una causa de problemas.

Como una última idea relacionada con estos comentarios de Larry Burkett, quiero enfatizar el principio bíblico de diezmar. Yo aprendí a dar el 10 por ciento de mis ingresos a la iglesia cuando era un niño de edad preescolar. De vez en cuando, mi abuela me daba un dólar, y siempre me decía que cuando el domingo siguiente por la mañana estuviera en la iglesia depositara diez centavos en la ofrenda. He dado el diezmo desde entonces hasta este momento. También observé cómo mi padre daba de sus limitados recursos no sólo a la iglesia, sino a cualquier persona que estuviera necesitada.

Mi padre era muy bondadoso con las personas hambrientas. El era un evangelista que viajaba de un lugar a otro para tener reuniones de avivamiento. Viajar costaba mucho y parecía que nunca teníamos mucho más dinero del que era absolutamente necesario. Uno de los problemas consistía en la forma que las iglesias les pagaban a sus ministros en esos tiempos. Los pastores recibían un salario anual, pero a los evangelistas sólo les pagaban cuando trabajaban. Por lo tanto, los ingresos de mi padre paraban durante la Navidad, las vacaciones de verano, o en cualquier otro tiempo de descanso. Tal vez era por eso que cuando él estaba en casa era cuando teníamos menos comida. Pero eso no le impidió a mi padre continuar dando.

Me acuerdo de una ocasión en la que mi padre fue a predicar en una pequeña iglesia, y regresó a casa diez días después. Mi madre lo recibió muy cariñosamente y le preguntó cómo habían estado las reuniones de avivamiento. A él siempre le entusiasmaba mucho ese tema. Finalmente, ella le preguntaba acerca de la ofrenda. Las mujeres se las arreglan para preocuparse por cosas como ésa.

—¿Cuánto te pagaron? —le preguntó ella.

Todavía recuerdo el rostro de mi padre mientras sonreía, mirando el suelo.

—Bueno . . . —dijo vacilante.

Mi madre retrocedió y lo miró a los ojos.

—Oh, ya sé —dijo ella—. Otra vez le diste el dinero a alguien, ¿verdad?

—Myrt —dijo él—, el pastor de la iglesia donde prediqué está pasando por una situación muy difícil. Sus hijos están tan necesitados, que al verlos se me partió el corazón. Tienen los zapatos rotos y uno de ellos va a la escuela en esas mañanas frías sin un abrigo. Pensé que debía darles los cincuenta dólares a ellos.

Mi buena madre lo miró fijamente por un momento, y le contestó sonriendo: —Sabes, si Dios te dijo que se los dieras, estoy de acuerdo.

Entonces, unos días después sucedió lo inevitable. La familia Dobson se quedó completamente sin dinero. No había ninguna reserva para ayudarnos a salir del apuro. Fue en ese momento que mi padre nos reunió en el dormitorio para orar juntos. Recuerdo ese día como si fuera hoy. El fue el primero en orar.

"Oh Señor, tú prometiste que si nosotros éramos fieles contigo y con los tuyos en nuestros momentos buenos, entonces tú no nos olvidarías en nuestros momentos de necesidad. Nosotros hemos tratado de ser generosos con lo que tú nos has dado, y ahora estamos pidiéndote que nos ayudes."

Ese día, un muchacho muy sensible, de diez años de edad, llamado Jimmy estaba escuchando y observando muy atentamente. *¿Qué sucedería? ¿Habría escuchado Dios la oración de mi padre?*

Al siguiente día, llegó en la correspondencia un inesperado cheque por una cantidad que en aquel tiempo equivalía a dos meses de salario de mi padre. ¡Estoy hablando con toda sinceridad! Eso fue lo que ocurrió, no sólo esa vez pero muchas otras. Vi como el Señor correspondía ampliamente a la generosidad de mi padre. No, Dios nunca nos hizo ricos, pero mi pequeña fe creció con una rapidez extraordinaria. ¡Aprendí que uno *no puede* dar más que Dios!

Mi padre continuó dando generosamente incluso a una edad bastante avanzada. Yo solía preocuparme acerca de cómo él y mamá llegarían a tener dinero disponible para después de jubilarse porque podían ahorrar muy poco. Si papá conseguía tener unos pocos dólares más, se los daba a alguien. Me preguntaba cómo podrían vivir de la ínfima cantidad de jubilación que recibían. (Actualmente, mi madre recibe mensualmente lo que difícilmente se consideraría un buen salario por un día de trabajo, después que papá se pasó cuarenta años sirviendo en la iglesia. Actualmente, la cantidad mensual asignada a mi madre no sería suficiente ni para un día de pensión en un asilo de ancianos.) Es vergonzoso el que cuidemos tan mal a nuestros ministros jubilados y a sus viudas.

Un día, mi padre estaba acostado en la cama y mamá estaba vistiéndose, cuando al mirarlo se dio cuenta de que él estaba llorando.

—¿Qué es lo que ocurre? —le preguntó ella.

—El Señor acaba de hablarme —contestó él.

—¿Quieres decirme qué fue lo que te dijo? —insistió ella.

—Me dijo algo acerca de ti —le respondió mi padre.

Entonces ella le exigió que le dijera lo que el Señor le había comunicado.

Mi padre le dijo: —He tenido una experiencia muy rara. Yo estaba aquí acostado pensando en muchas cosas. No estaba orando, ni siquiera estaba pensando en ti, cuando el Señor me habló y me dijo: "Yo voy a cuidar a Myrtle."

Ninguno de los dos entendió el mensaje, y por eso decidieron no pensar más en ello por el momento. Pero cinco días más tarde él sufrió un gravísimo ataque cardíaco, y tres meses después había partido de este mundo. A la edad de 66 años, aquel buen hombre que era mi padre fue a la presencia de Cristo, a quien él había amado tanto y había servido durante todos esos años.

Ha sido muy emocionante el ver cómo Dios ha cumplido su promesa de cuidar a mi madre. Ella está ahora padeciendo de la enfermedad de Parkinson en su última etapa, y necesita que alguien la cuide las veinticuatro horas del día. Eso cuesta un dineral. Sin embargo, la pequeña herencia que mi padre le dejó se ha multiplicado durante los diez años desde que él se fue, y es suficiente para pagar por todo lo que ella necesita, incluyendo un cuidado maravilloso y tierno. Dios ha estado con mi madre de muchas otras maneras, manteniéndola amorosamente protegida en sus poderosos brazos. Al final, mi padre nunca llegó a dar más de lo que Dios le dio a él.

"Dios no necesita nuestro dinero, pero usted y yo necesitamos dar."

Permítame que le recomiende encarecidamente que dé con generosidad no sólo a su iglesia, sino también a las personas necesitadas que Dios ponga en su camino. No hay mejor manera que ésa para mantener las cosas materiales en su perspectiva correcta. Difícilmente usted se volverá una persona egoísta y codiciosa cuando está ocupado compartiendo con otros lo que tiene. Dios no necesita su dinero. El puede proveer el dinero para sostener sus ministerios con sólo una subasta anual de ganado. (El es dueño de los millares de animales en los collados.) ¡Pero usted y yo *necesitamos* dar! Los que comprenden este principio bíblico y actúan de acuerdo con el mismo, se darán cuenta de que El es fiel para *abrir* las ventanas de los cielos y *derramar* sobre ellos "bendición hasta que sobreabunde" (Malaquías 3:10). Y no olvide la mayor bendición de todas: Los preciosos y sensibles hijos que Dios le ha dado estarán alrededor suyo observando, ¡y un día les comunicarán las buenas nuevas a *sus* propios hijos! Esa podría ser la mejor herencia que usted dejara en este mundo.

"La oleada de pasión proviene de las caricias de él y de su ternura hacia ella."

Algunos hechos básicos sobre las relaciones sexuales

Es imposible decirles a los hombres y a las mujeres jóvenes todo lo que necesitan saber acerca de las relaciones sexuales en el matrimonio en tan breve espacio, así que ni siquiera lo intentaré. Por lo tanto, concentraremos nuestra atención en dos conceptos principales y básicos. Se puede evitar una enorme cantidad de ansiedad y de conflictos con solamente llegar a comprender estos conceptos fundamentales.

1. *No se sorprenda si en la luna de miel la relación sexual es menos intensa de lo que esperaba.* Los niveles de expectación de los que se han mantenido vírgenes para esa primera noche pueden sobrepasar enormemente la realidad. Es posible que los que antes han tenido relaciones sexuales tam-

bién se sientan decepcionados. Debido a que a veces el deseo sexual es mayor cuando se va a tomar del fruto prohibido que cuando es obligatorio, los momentos robados en el pasado pueden haber sobrepasado la experiencia matrimonial en placer e intensidad.

"Las relaciones sexuales pueden ser emocionantes y placenteras aún después de 30 ó 40 años de matrimonio, porque los cónyuges todavía están aprendiendo a agradarse mutuamente."

Por supuesto, cada pareja es diferente, y no hay generalizaciones que puedan aplicarse a todas ellas. Sin embargo, es común que los problemas sexuales (o al menos, la frialdad sexual) ocurran al comienzo de la vida matrimonial. En primer lugar, a algunas personas no les resulta fácil cambiar de: "¡No debes hacerlo!" a: "Debes hacerlo regularmente y con gran pasión." Toma tiempo para que una manera de pensar le permita ocupar el lugar a la otra. En segundo lugar, en los seres humanos la relación sexual está relacionada con un proceso mental muy complejo. Para los animales la unión sexual es solamente un asunto de hormonas y de oportunidad. Sin embargo, para las personas entran en juego el estado de ánimo, el ambiente, la sensación de seguridad, los aromas, la imaginación, la actitud del cónyuge y el pudor personal. Por eso usted no debe sorprenderse, o sentirse decepcionado, si todo no "funciona bien" durante la primera noche . . . o incluso durante el primer mes.

Las primeras semanas de vida matrimonial *pueden* producir algunas experiencias muy divertidas. La mejor historia de una luna de miel que he escuchado fue acerca de unos amigos íntimos de Shirley y míos. Después de haber tenido una hermosa boda, se fueron en auto hasta un hotel local en el que alquilaron la alcoba nupcial. El nuevo esposo se metió al baño para refrescarse un poco y su esposa se quedó esperando su grandiosa entrada. Durante ese intermedio ella notó que les había sido enviada una botella grande de champán, obsequio del hotel. La recién casada nunca había probado ninguna bebida alcohólica en su vida, pero recordó que su doctor le había recomendado tomar una pequeña cantidad de vino para calmar sus nervios durante la luna de miel. *¿Por qué no?*, pensó ella, así que se sirvió una copa de la burbujeante bebida y descubrió que no tenía mal gusto. Rápidamente se sirvió otra, y continuó tomando hasta que la botella estaba casi vacía. Fue entonces que el champán le hizo efecto. El esposo salió del baño con enorme expectación, y se encontró que su esposa tenía los ojos casi cerrados, la botella de champán en la mano y una sonrisa de oreja a oreja. Estaba completamente embriagada. El olía a loción para después de afeitarse y ella olía como un borracho vagabundo. Entonces, la joven esposa se enfermó terriblemente y estuvo vomitando por horas. Eso enfrió considerablemente al esposo, quien estuvo sentado junto a ella durante toda la noche y luego la ayudó a vestirse en la mañana. Tenían que tomar un avión que salía temprano, aunque la esposa se encontraba en muy malas condiciones para viajar. Aún estaba embriagada y tuvo que ser llevada, tambaleándose y quejándose hasta el aeropuerto. No pudo recuperar el equilibrio por dos días. Para entonces, ya el esposo se había olvidado para qué había ido de viaje con ella. Esta preciosa pareja ha estado casada ahora por más de veintidós años y

ninguno de los dos se ha embriagado desde entonces. ¡Pero si usted les preguntara, ellos le dirían que
las lunas de miel son un problema!

Si su luna de miel es también una tragicomedia,
anímese. Las cosas mejorarán. Usted *aprenderá*.
Aunque parezca mentira, las relaciones sexuales
pueden ser emocionantes y placenteras aún después
de 30 ó 40 años de matrimonio, porque los cónyuges todavía están aprendiendo a agradarse mutuamente. Lo importante es no asustarse si uno se
siente decepcionado al principio. Si se experimentan
temores y fracasos al comienzo, eso puede hacer
que la reacción de la persona sea evitar las relaciones sexuales para evitar más dolor emocional. No es
necesario que tal cosa ocurra si cuando uno va a
casarse puede reducir el nivel de sus expectativas.
Ustedes tienen toda una vida para disfrutar uno del
otro. No exijan demasiado en muy poco tiempo . . .
y aléjense del champán rosado.

2. *Los hombres y las mujeres son muy diferentes
en cuanto al deseo sexual, y tanto el esposo como la
esposa debe comprender esas diferencias.* Para el
hombre, la relación sexual es mucho más fisiológica
que para la mujer. Esto quiere decir que él se siente
visualmente estimulado con mucha más facilidad y,
por lo general, se excita más rápidamente que ella.
En unos pocos momentos, se le ocurre la idea de la
relación sexual, y cuatro o cinco minutos más tarde
todo podría haber terminado y de nuevo estaría
durmiendo, mientras que ella permanecería despierta,
sintiéndose disgustada con él y lamentando que ese
momento fuera tan breve. Una mujer incluso me
dijo que su vida sexual con su esposo le recordaba
una antigua película muda . . . nunca se han dicho
ni una sola palabra.

El esposo y la esposa *deben* comprender que ella
no funciona de esa manera. En primer lugar, la
manera en que ella se siente sexualmente hacia su

esposo es una consecuencia de su relación romántica con él en ese momento. Si ella se siente muy unida a él . . . amada por él . . . protegida por él, entonces es más probable que lo deseará físicamente. Solamente ver su cuerpo no significa mucho para ella. Es verdad que ella está interesada en la apariencia de él, pero la oleada de pasión no viene de echarle una mirada, sino de la calidad de la interacción. Proviene de las caricias de él y de su ternura hacia ella.

"La manera en que una mujer se siente sexualmente hacia su esposo es una consecuencia de su relación romántica con él en ese momento."

Existe mucha evidencia de las diferencias entre los dos sexos, tanto científica como pragmática. Por ejemplo, hace algunos años, Ann Landers, quien es una periodista cuya columna de consejos es publicada en periódicos alrededor del mundo, recibió una carta de una lectora que le planteó este desafío:

Querida Ann Landers:

Muchas veces me he sentido tentada a escribirle y expresar otro punto de vista cuando en su columna aparecieron cartas con las que yo no estaba de acuerdo. La motivación nunca fue lo suficientemente fuerte . . . hasta ahora.

No podré estar tranquila hasta que yo le responda a ese hombre que quería someterse a una operación quirúrgica para solucionar lo que él consideraba "un problema fisiológico". El dijo que su ansiedad por no poder completar el acto sexual con la mujer que amaba lo estaba volviendo loco, porque sabía que ella se debía sentir frustrada e insatisfecha.

Tengo una palabra para él: "Cuentos." Es su ego el que está hablando. Ese hombre ignora por completo la forma en que funcionan la mente y el corazón de la mujer. Si usted le preguntara a 100 mujeres cómo se sienten acerca de las relaciones sexuales, el 98 por ciento diría: "Solamente necesito ser abrazada con ternura. Olvídese del acto sexual."

Si usted no lo cree, ¿por qué no hace una encuesta? Sus lectores son extraordinarios, y las personas le dicen a usted cosas que nunca le dirían a nadie. ¿Qué le parece, Ann? ¿Va a preguntarles?

Una lectora fiel de Oregón

Ann Landers respondió:

Querida lectora fiel:

¡Acepto el desafío! Estoy pidiéndoles a todas las mujeres que leen mi columna que me envíen una tarjeta postal o una carta en la que den respuesta a la siguiente pregunta: ¿Estaría usted contenta con que la abrazaran y la trataran con ternura, y olvidarse "del acto"? Responda: SI o NO; y por favor, agregue la línea que corresponda: "Tengo más de 40 años de edad", o "Tengo menos de 40 años de edad." No necesita firmar.

Unos meses después, Ann Landers publicó los siguientes comentarios en su columna:

Bueno, queridos lectores, hasta el momento he recibido más de 90.000 respuestas y todavía siguen llegando por montones. El cuarto de la correspondencia parece un área de desastre. Hemos tenido que obtener ayuda extra. Los empleados están trabajando dos turnos y los fines de semana, y no obstante, las bolsas de correspondencia parecen multiplicarse como si fueran conejos. Desde que comencé a escribir esta columna la única vez que la respuesta fue mayor fue cuando les pedí a mis lectores que cortaran la columna, la firmaran y se la enviaran al presidente de los Estados Unidos, Ronald Reagan. Esa columna trataba de la guerra nuclear. Esta encuesta sobre las relaciones sexuales le gana a cualquiera otra, incluso a la que se les preguntó a los padres: "Si usted pudiera volver atrás, ¿tendría hijos?" [El 70 por ciento respondió que no.]

Gracias a Dios, una abrumadora mayoría de las mujeres que respondieron envió tarjetas postales, pero una sorprendente cantidad de ellas se sintió obligada a escribir cartas. Algunas escribieron tres y cuatro páginas, explicando por qué se sentían así.

Yo creo que el intenso interés en esta encuesta es una declaración acerca de lo que ocurre detrás de las puertas cerradas de los dormitorios en el mundo entero. Recuerde que mi columna aparece en Canadá, Europa, Tokio, Hong Kong, Bangkok, Ciudad de México y en muchos otros lugares alrededor del mundo. Y la correspondencia vino de todas partes. También ese intenso interés dice algo acerca de la comunicación y la satisfacción [o la ausencia de ella] entre un gran número de parejas que están teniendo relaciones sexuales, tanto casadas como solteras.

¿Me sorprendió el resultado de la encuesta? Sí, pero no mucho. Yo podía haberme imaginado lo que iba a suceder. Pero nunca soñé que más de 90.000 mujeres se sentirían movidas a expresarse acerca de este tema tan íntimo. Ni tampoco habría podido predecir los porcentajes o la pasión con que tantas mujeres describieron sus vidas sexuales.

La mayor revelación, al menos para mí, es lo que la encuesta da a conocer de los hombres como amantes. Sin duda, hay problemas en el "paraíso" del matrimonio.

Mañana publicaré los resultados así como porciones de algunas cartas. Por seguro, durante muchos años esa columna habrá de ser un tema de conversación en bares, salas de espera, salones de belleza y clases de sociología.

Al día siguiente, Ann Landers publicó los resultados de la encuesta. Esto fue lo que ella descubrió:

Más de 90.000 mujeres votaron. El 72 por ciento dijo que sí, que estarían contentas con que las abrazaran y las trataran con ternura, y olvidarse del acto sexual. De ese 72 por ciento que dijo que sí, el 40 por ciento tenía menos de 40 años de edad. Ese fue el aspecto más sorprendente de la encuesta.

Muchas mujeres que votaron "no", dijeron que ellas necesitaban el orgasmo para obtener alivio de la tensión física. Casi la misma cantidad dijo que ellas querían lo máximo en gratificación, y que cualquier cosa que fuera menos que eso las hacía sentir que habían sido usadas y explotadas.

Una mujer de 32 años lo dijo de esta manera: "El insiste en obtener satisfacción, así que, ¿por qué no voy a obtener yo la mía?"

Otra expresó: "Tengo menos de 40 años y estaría muy contenta con palabras tiernas y caricias amorosas. Lo demás es aburrido y puede ser agotador. Estoy segura de que el acto sexual fue diseñado estrictamente para el placer de los hombres."

"Tengo menos de 40 años, 26 para ser exacta. Quiero tener tres hijos, así que es evidente que necesito algo más que conversación. Después que tenga mi familia, felizmente aceptaría el dormir en habitaciones separadas. Las relaciones sexuales no significan nada para mí."

"Yo voto que sí. Mi esposo es diabético y no ha podido desempeñar su parte por 10 años. Hace veinte años, también hubiera votado que sí. Cuando él estaba saludable nunca se preocupó por satisfacerme. Su enfermedad fue una bendición."

"Tengo 55 años, y voto que sí. La mejor parte es los abrazos y las palabras tiernas que vienen con el amor. Mi primer esposo acostumbraba forzarme a tener relaciones sexuales unas cuatro veces por semana. Si un desconocido me hubiera tratado como él, yo hubiera hecho que lo arrestaran."

"No quiero ni sus palabras tiernas ni el acto sexual. Hace diez años mi esposo se volvió impotente como resultado de su alcoholismo. La única palabra que quisiera que me dijera es 'adiós', pero el muy vago no se va."

"No. Tengo 32 años. Decir que las caricias y las palabras tiernas son suficientes es como conformarse con el aroma de un pan recién horneado y pasar por alto el alimento que éste provee. Esa clase de personas deben de estar locas."

"Sí. Sin el abrazo tierno, el acto sexual es como el de los animales. Durante cuatro años aborrecí las relaciones sexuales y me sentí usada. Experimenté un alivio cuando mi esposo murió. Mi actual compañero tiene que tomar una medicina para el corazón que le ha hecho impotente. Es maravilloso que él me abrace y me acaricie."

"Sí, sí, un millón de veces sí. Me gustaría que él me hablara con ternura. Eso sería suficiente. Mi novio nunca dice una palabra. Si yo digo algo, él me dice: 'Cállate. Lo estás echando a perder todo.' "

"Tengo 62 años, y estoy votando no. Si mi marido fuera demasiado viejo yo me conformaría con las caricias y los abrazos amorosos que se dan los novios adolescentes, pero mientras que él sea capaz . . . quiero participar en la acción. Y estoy dispuesta para una repetición en cualquier momento." [4]

¿Hubiera creído usted que al 72 por ciento de las mujeres que respondieron sólo les importa la intimidad amorosa y la ternura? Yo sí lo hubiera creído, después de haber recibido las respuestas de 10.000 mujeres en mis propias encuestas. Todo se reduce a lo siguiente: Muchas veces las mujeres realizan el acto sexual para obtener intimidad, y los hombres proveen intimidad con el fin de realizar el acto sexual. Créame, esa diferencia tiene enormes consecuencias. Un hombre puede disfrutar de un rápido momento de relaciones sexuales, aunque él y su esposa se hayan pasado toda la noche discutiendo y riñiendo. De cierto modo es aún más excitante para él el "conquistar" a esa mujer que ha trabado una batalla verbal con él. A ella, las relaciones sexuales en esa clase de circunstancias la hacen sentirse "usada" por su esposo . . . casi como si fuera una mujerzuela. Esta diferencia de interés ha dado lugar a millones de violentas confrontaciones entre esposos y esposas que realmente no entendieron por qué el otro cónyuge se sentía frustrado. Debido a que las mujeres tienen una mayor inclinación romántica, el hombre que quiere disfrutar de relaciones sexuales excitantes con su esposa debe concentrar su atención en las *otras* 23 horas y media del día. Debe elogiarla, traerle flores y decirle que ella le importa a él. Estos son los ingredientes de la verdadera pasión. El autor Kevin Leman ha ido aún más lejos que esto. El dice que para una mujer el mayor de los afrodisiacos es que el esposo la ayude con las tareas pequeñas del hogar, como sacar la basura. Estoy de acuerdo.

> *"Ustedes tienen toda una vida para disfrutar uno del otro. No exijan demasiado en muy poco tiempo."*

Para obtener el mayor provecho de la dimensión física del matrimonio, el hombre debe interesarse tanto en la *mente* de su esposa como en su cuerpo. No puede hacerse una separación entre los dos. Por otra parte, la mujer debe presentarse a su esposo tan atractiva como le sea posible. Tiene que poner a un lado los rulos, la crema para el cutis y los camisones de franela. El se siente estimulado visualmente y a ella le encanta que él la acaricie. Si ambos actúan desinteresadamente, pueden aprender a excitar a su cónyuge. Las diferencias entre ellos es lo que hace que todo sea más interesante.

En conclusión, las relaciones sexuales son mucho mejores cuando ambos cónyuges se "pierden" en la excitación de una pasión natural. Es muy probable que eso ocurra cuando cada uno se siente respetado por el otro y cuando el acto sexual es solamente un medio de expresión de su amor. Así es como debe ser. En la ausencia de esa clase de afecto, la emoción momentánea del acto sexual conduce al hastío o al aburrimiento. Se convierte en una actuación que tiene que ser evaluada críticamente. Pregúntele a un alcohólico en un bar, quien cada noche se acuesta con una persona distinta. El o ella le dirá que no hay verdadera satisfacción en las relaciones sexuales con una persona desconocida. Eso puede hacerlo un gato en un callejón. El verdadero desafío se encuentra en lograr una unión sexual monógama, amorosa, romántica y mutuamente agradable. Una vez que usted encuentre la fórmula para esta clase de experiencia, puede ser repetida durante toda la vida.

No se conforme con nada menos . . . pero no espere encontrarlo en su luna de miel.

"Las restricciones y los mandamientos de la Biblia fueron designados para protegernos del mal."

Los asesinos del matrimonio

Hace algunos años, Shirley y yo nos fuimos de vacaciones con nuestros hijos y terminamos nuestro viaje en Washington, la capital de los Estados Unidos. Yo me había enterado de que ese día iba a haber en la Casa Blanca una sesión informativa sobre la familia, y a última hora decidí asistir a la misma. Como no estaba en la lista de invitados tardé aproximadamente unos diez minutos más siendo investigado por los agentes de seguridad de la Casa Blanca, y entré al salón donde tenía lugar la sesión poco antes que el primer conferencista fuera anunciado. Me senté detrás de mi buena amiga Lalani Watt, esposa de James Watt, ministro del Interior.

Lalani me saludó y luego dijo: —No creo que hayan sido justos con usted.

Le pregunté: —¿Por qué no? ¿Qué quiere decir?

—No le han dado tiempo suficiente —me contestó.

—¿Tiempo suficiente? —repetí—. ¿Tiempo para qué?

—Bueno, tiempo para hablar —me respondió ella—. ¿No sabe que su nombre está en el programa de hoy?

En ese momento, uno de los asistentes de la Casa Blanca me tocó en el hombro y me preguntó si podía acompañarme hasta la plataforma. Por lo visto, algunos de los miembros del personal que planeó la sesión informativa pensó que probablemente yo estaría allí, pero no me habían dicho que estaban esperando que yo hablara. Me afectó muchísimo el encontrarme mirando a doscientos profesionales que estaban esperando escuchar mis palabras de sabiduría. Miré hacia abajo y me di cuenta de que tenía puestos un traje azul y unos calcetines marrones. Habían sido unas largas vacaciones y me había puesto la única ropa limpia de que disponía.

Quién sabe, y a quién le importa lo que dije ese día a aquellos hombres y mujeres. Dudo que mis palabras captaran la atención de ellos, ¡pero el personal de la Casa Blanca ciertamente captó la mía! En unos cuatro segundos pasé de sentirme medio dormido a sentirme super despierto. Afortunadamente para la audiencia, había otros conferencistas en el programa de ese día, y uno de ellos dijo algunas cosas que jamás olvidaré.

Fue el doctor Armand Nicholi, un siquiatra de la Facultad de Medicina de la Universidad de Harvard y del Hospital General de Massachusetts. Habló sobre el tema de la crianza de los hijos, especialmente en cuanto a su relación con la salud mental de los niños. Yo hubiera querido que cada madre y padre hubiese podido escuchar sus comentarios al referirse a recientes investigaciones acerca del divorcio y de la desintegración de la familia.

Según el doctor Nicholi, ahora se sabe que el desarrollo emocional de los niños está directamente relacionado con la presencia de una interacción cariñosa, instructiva y continua con *ambos* padres. Cualquier cosa que estorbe la relación vital con el padre o la madre puede tener consecuencias duraderas para el niño. Un estudio muy importante reveló que el 90 por ciento de los niños cuyos padres se habían divorciado, sufrieron un fuerte shock cuando ocurrió la separación, incluyendo profunda angustia y temores irracionales. El 50 por ciento de ellos dijeron que se sintieron rechazados y abandonados, y en verdad, tres años después de haberse divorciado, la mitad de los padres nunca habían ido a ver a sus hijos. Una tercera parte de los muchachos y de las muchachas temían ser abandonados por el padre o la madre que había permanecido con ellos. Su temor era tan intenso que los investigadores lo calificaron de "abrumador". Lo más significativo fue que el 37 por ciento de los niños se sintieron aún más infelices e insatisfechos cinco años después del divorcio de sus padres de lo que se habían sentido dieciocho meses después. En otras palabras, *el tiempo no sanó sus heridas.*

"El divorcio produce sentimientos de soledad tan intensos en los niños, que es difícil describir su dolor o siquiera pensar en ellos . . . el tiempo no sana esas heridas."

En resumen, el doctor Nicholi dijo que el divorcio produce sentimientos de soledad tan intensos en los niños, que es difícil describir su dolor o siquiera pensar en ellos.

Todos sabemos que en las últimas tres décadas, el divorcio se ha convertido en la forma de moda de resolver los conflictos matrimoniales. Libros como *Creative Divorce (Divorcio creativo)* lo han descrito como el comienzo de una nueva vida para el "beneficio" de toda la familia. Pero evidentemente eso no es cierto. El divorcio es devastador, no sólo para los hijos, sino también para sus heridos y enojados padres. Las mujeres pagan un precio verdaderamente alto, aun en los casos en que ellas mismas decidieron terminar con la relación matrimonial.

Permítame explicar esto. Siempre ha habido hombres irresponsables que fueron infieles a sus esposas y abandonaron a sus familias. Todavía eso está ocurriendo y es actualmente la causa de millones de hogares destrozados. Pero, desde hace algunos años, también los matrimonios han comenzado a desintegrarse por otra causa. Las mujeres, animadas por nuevas libertades y una nueva seguridad económica, han demostrado una mayor disposición a poner fin a sus matrimonios. He trabajado aconsejando a muchas mujeres que se sentían frustradas y que parecían decididas a divorciarse, no porque sus esposos eran infieles o irresponsables, sino porque el amor romántico estaba ausente de su relación conyugal. Estas mujeres expresaron un enorme enojo y un profundo resentimiento hacia sus esposos, los cuales no querían o no podían satisfacer las necesidades emocionales básicas de ellas.

No voy a empequeñecer la dolorosa "hambre del alma", que con tanta frecuencia describen las mujeres, pero quiero decir esto: ¡El divorcio no es la respuesta! ¡Las mujeres que buscan esa "solución" suelen salir de Guatemala y meterse en Guatepeor!

Ese es el tema del libro titulado: *Marriage: Grounds for Divorce (El matrimonio: Causas para el divorcio)*, escrito por Monte Vanton. La esposa del autor se divorció de él, quien parece estar bastante amargado como resultado de esa experiencia. Sin embargo, su análisis de la disolución del matrimonio es claro y sugestivo. A continuación presento algunas porciones escogidas de su libro que comunican su tesis. Vea si está de acuerdo con la perspectiva de él, teniendo en cuenta que Vanton no escribió desde un punto de vista cristiano.

El final del matrimonio es como una muerte pequeña, pero para algunas mujeres casadas, la libertad se parece a la vida después de la muerte. Sentirse joven de nuevo, sin que haya nadie que le diga lo que tiene que hacer, no más exigencias y críticas. No tener que preparar más comidas, ¡se terminó la esclavitud! Y afuera están esperando las brillantes luces, la conversación y los amigos alegres, el flirteo y las aventuras. "Abran paso, Las Vegas y Acapulco, ¡aquí vengo!"

"¡Libre de nuevo! Oh, qué experiencia más maravillosa habrá de ser. No más discusiones ni quejas, no tener que volver a pedir dinero. ¡Siempre tendré el mío propio! ¿Conoce usted a un buen abogado?"

Durante los primeros meses las cosas parecen mejorar. El cese de hostilidades es muy agradable. Puesto que por años la esposa experimentó una fuerte lucha emocional en su confuso papel como mujer, esposa y líder, la súbita separación trae un alivio temporal. Pero nada más que temporal.

¿Cuál es la principal preocupación de nuestra nueva divorciada? ¿Una profesión, tener hijos, un hogar, viajar, el arte, la política, los amigos? ¡No, son los hombres! ¿De dónde vendrán esos hombres? ¿Cómo será su aspecto? ¿Qué querrán? ¿Qué habrán estado haciendo?

¡La esperanza es maravillosa, pero la fantasía puede ser catastrófica! Muchas mujeres, divorciadas o casadas, y las que están pensando en divorciarse, están seguras de que en algún lugar allá fuera habrá un hombre que poseerá todas las virtudes de su esposo y no tendrá ninguno de sus vicios. Desde ese punto de partida, las divorciadas comienzan la gran búsqueda.

Es evidente que su primer esposo debe de haber tenido algunas buenas cualidades, ya que se casó con él. El hecho de que conoce bien al que era su esposo y que el nuevo hombre es un peligro desconocido para ella, lo coloca a él muy por delante de éste. Hay muchas posibilidades de que otro hombre tenga defectos parecidos o aun mayores, puesto que vive en la misma clase de cultura con las mismas normas y los mismos valores. Además, ¿cómo puede ella juzgar con claridad? ¿Cómo puede saber que no volverá a cometer el mismo error?

El problema de ella se hace más difícil. En su primer matrimonio era confiada y comunicativa; ahora, con toda seguridad, es más escéptica y cautelosa.

Para escoger un nuevo compañero, ella debe tener en cuenta el hecho de que pudiera ser que él no quiera aceptar a los hijos de otro. ¿Podrá estar segura ella de que él los va a tratar bien? Y si de verdad él es un buen hombre, siempre existe la posibilidad de que ellos puedan poner en peligro su felicidad matrimonial al ser un continuo recordatorio para él de que no son sus propios hijos.

¿De dónde vendrá ese hombre ideal?

Las divorciadas en estas condiciones generalmente tienen entre 28 y 39 años de edad.

Básicamente, hay dos clases de hombres en ese grupo de personas de la misma edad: El divorciado y el que nunca se ha casado. Ella trata de evitar al último. Esa clase de hombre significa problemas, la madre o los recuerdos de ella que están acechando de alguna forma. Es probable que él tenga costumbres profundamente arraigadas, sea afeminado o un absoluto mujeriego. O, simplemente, no le interesan las mujeres. En todo caso, la perspectiva está muy lejos de ser favorable. La única posibilidad que le queda es el hombre que ha estado casado. ¿Por qué se divorció él? Este hombre podría ser tan mala opción como su antiguo esposo.

El terreno se reduce a las edades de 35 a 40 años. Nos arriesgaremos a que ya haya estado casado antes. ¿Cómo debe ser su aspecto? Bueno, ya que estamos cambiando de marido, debe ser bien parecido. ¿Alto? ¡Seguro que sí! ¿Viril? ¡Por supuesto! ¿No dijimos que uno de los principales problemas con los esposos era su indiferencia hacia las relaciones sexuales? En realidad, él debe ser algo parecido a un artista de cine, con una agradable voz, simpático al hablar, popular, romántico, decidido, tierno, poético, apasionado, y sobre todo, que sea comprensivo. ¡Y que no tenga madre!

Debe tener una cantidad ilimitada de dinero y una carrera interesante (que no sea gerente de una fábrica de camisas o camionero), que sea quizás escritor, o conferencista, o diplomático, o tal vez simplemente un millonario. "Después de todo, quiero que mis hijos tengan lo mejor. ¿Para que voy a cambiar de marido si no voy a mejorar? Y él debe quererme más que a nadie en el mundo y nunca hacerme exigencias o ser dominante. Ni tampoco jamás debe criticar mi cuidado de la casa. Nunca debe estar cansado o preocupado, o discutir acerca del dinero. Debe llevarme de paseo los fines de semana, y a desayunar en un buen restaurante todos los domingos. Nosotros viajaríamos mucho, ¡y yo debo ser su interés principal!"

Hay millones de mujeres, casadas, solteras y divorciadas que están buscando esta clase de héroe, y no lo han encontrado todavía. Pero siguen buscándolo con la esperanza de llegar a encontrarlo un día.

El único lugar donde ese hombre existe es en alguna canción popular, en la pantalla de cine o de televisión o en nuestra imaginación.

Déjese de soñar con encontrar un hombre que tenga dinero y una carrera, y que sea encantador, varonil y decidido, porque las probabilidades de que encuentre un hombre flaco, sin dinero, casi calvo, malhumorado y de pecho hundido son muy grandes.

De pronto, ¡el hombre se ha convertido en un rey! Todas las mujeres andan detrás de él. Su categoría se ha elevado; nunca la había pasado tan bien, y va a tratar de que así siga siendo. ¿Pensaría en casarse? ¡Eso le pondría fin a todo! Así que piensa que puesto que es hombre, no necesita casarse.

La probabilidad de encontrar al hombre ideal es una en un millón. ¿Alguna vez han considerado ustedes, estimadas señoras, la actitud del hombre que es un buen partido? ¡Casarse es lo último que él desea! De repente, tiene el mundo a sus pies y, después de varios años de matrimonio, de monotonía, de tristeza, de su ego haber sido aplastado y su masculinidad puesta en duda, está libre y es un hombre de mundo. Todos los días, hay mujeres suplicantes que le recuerdan que él es un héroe. ¿Por qué habría de abandonar esa clase de vida? Además, ahora es astuto y experimentado; ha aprendido por medio de las dificultades.

El no va a dejarse atrapar con promesas de comidas sabrosas cocinadas en casa, una figura seductora y la perspectiva de noches excitantes en frente de la televisión. Como un salmón viejo en un arroyo donde siempre hay muchos pescadores, él puede oler el anzuelo a dos kilómetros de distancia.

"No permita ni que le pase por la mente la posibilidad del divorcio. Aun en los momentos de enorme conflicto y desaliento, el divorcio no es la solución."

El hombre divorciado sabe que ese momento de triunfo llegará muy pronto a su fin cuando diga: "Sí, acepto." Sabe que la ley está inclinada hacia las esposas, y que hay miles de abogados que están listos para ayudar a la "pobre mujer" tan pronto como ella decida deshacerse de su marido y disfrutar de los bienes que él tenga. ¿Por qué va a cometer él ese error?

¿Qué es lo que él quiere? Realmente es muy sencillo. Una cita ocasional, el respeto debido, y luego ir a la cama, sin que le impongan condiciones. Y cuando se acueste con usted ¡él piensa que le está prestando un servicio! Oh, él es un hombre endurecido. Por supuesto, usted no tiene que acostarse con él. Si de verdad está interesado en usted, puede ser que espere y salga con usted dos o tres veces, y entonces cuando usted no se acueste con él, se irá. Así que usted se acuesta con él; después de todo, usted es un ser humano y él es muy simpático. Desde el momento de su conquista comienza a estar alerta. Las demostraciones de cariño de parte suya son vistas como señales de peligro, y comienza a alejarse.

Y así es que la vida sigue su agradable curso para el hombre. Tiene empleo, amigos, apartamento, vacaciones, juegos de béisbol y, por supuesto, sus mujeres, todas amorosas, nunca exigentes, nunca dominantes, y todas le dicen qué amante tan maravilloso es él. Y además de todo esto, hay tantas otras mujeres que todavía no ha conocido. ¡Qué perspectiva tan emocionante!

Pero usted dice: "El es un tonto. No sabe lo que se está perdiendo, un hogar, una familia, una esposa amorosa, permanencia, seguridad, el edificar algo juntos." Pero él sí sabe lo que se está perdiendo. El tuvo un hogar, trabajó muy duro para tenerlo. ¡La que era su esposa se quedó con él! Tuvo una familia y amaba a sus hijos. Su esposa se quedó también con ellos. Nunca tuvo algo que fuera permanente, el abogado de su esposa se encargó de que no le quedara nada. La seguridad de que disfrutaba desapareció de un día para otro. Las cosas que edificó junto con su esposa se las dividieron entre ella y su abogado. Señora Divorciada, usted ha preparado el terreno para el fracaso de otra mujer al tratar de conseguir esposo, y otra mujer ha facilitado su fracaso.

Los hombres se quejan de leyes de divorcio injustas, de las razones insignificantes que usan las mujeres para obtener el divorcio, de la distribución de los bienes ganados con duro trabajo y de la pensión alimenticia; dicen ellos que todo es hecho con parcialidad. La que era esposa de usted paga la cuenta con el dinero de usted cuando invita a su novio a cenar fuera. Y luego otro paga la cuenta cuando la que era esposa de él lo invita a usted. Las cosas se compensan.

Para satisfacer este cambio en las normas sociales y proveer un lugar en el que las mujeres solitarias puedan llegar a conocer hombres, algunas mujeres inteligentes comenzaron un club que ha tenido un poco de éxito. Se llama: *Parents Without Spouses* ("Padres sin cónyuge"). Como hay tan pocos lugares donde las divorciadas pueden conocer hombres, este club patrocina bailes. Las divorciadas se preparan para dichos eventos, se visten muy bien y se dirigen resueltamente hacia la gran aventura.

Yo nunca he visto los corrales de ganado de Chicago, ¡pero he visto esos bailes! ¡Son tan aterradores y peligrosos como una subasta de esclavos! El encanto femenino se desvanece a medida que una multitud de mujeres sonríe, hace ademanes y desfila exhibiéndose. Los hombres palidecen ante esa perspectiva.

Los papeles se invierten y, con desesperación, la mujer se pone a cazar al hombre, ¡pero él no quiere ser perseguido, sino ser él quien persiga! Ser perseguido por una mujer es algo que infunde temor, y ser perseguido por mil es realmente aterrador.

Hace tiempo hubo una película llamada *The Gay Divorcée* (*La divorciada alegre*), en la que presentaban a una mujer divorciada muy bella y atractiva que iba flotando de una aventura extremadamente excitante a otra. Admirada, halagada por un ejército de hombres muy cariñosos, envidiada por sus infelices hermanas casadas, se convirtió en un símbolo para la mujer norteamericana, representando el estado de libertad anhelado por ésta. Pero se trataba de una película, era ficción y fantasía; sin embargo, la mentalidad de la Cenicienta todavía se mantiene viva.

La mayoría de las divorciadas se pasan las noches sentadas en sus casas, y cuando suena el teléfono eso es un alivio temporal para ellas. Sus padres no les sirven de ninguna ayuda, sólo les recuerdan que ya se están poniendo viejas y que se van a quedar solas.

Sus amigos que están casados no se sienten muy a gusto con usted, están alerta, temerosos de que piense que ellos la tratan con condescendencia. Con el tiempo desaparecen. Usted tiene a los hijos, así como las responsabilidades que ahora son dobles. Otras mujeres divorciadas se encuentran en la misma situación suya, ¡y usted aborrece eso! Cuando va de vacaciones se corre la voz de que es divorciada e inmediatamente las personas se hacen ideas acerca de usted. Las mujeres casadas piensan que es liberal y peligrosa, y se dedican a proteger a sus maridos. Los hombres se sorprenden si usted no se acuesta con ellos en su primera cita. ¡Usted ha perdido su ciudadanía, y su categoría social! Tiene libertad . . . para quedarse en su casa. Noche tras noche, según pasan las horas, aumentan la soledad y el temor. Poco a poco, su confianza en sí misma comienza a desaparecer, y en ese silencioso apartamento entra un fantasma que la toma de la mano. Usted se pregunta si es que se ha olvidado de hablar, de divertirse. Empieza a sentirse poco atractiva y despreciada.

Si permanece bastante tiempo en esa habitación, y dándole lugar en su mente a la fea imagen que durante todos esos años se ha hecho de sí misma, esa imagen surgirá poco a poco y tomará control de usted. Así que corre al teléfono y comienza a llamar. Esforzándose por mantener un tono alegre en su voz, y como no tiene nada nuevo que decir, pregunta: "¿Qué hay de nuevo?" Cuando se le acaban los números de teléfono de sus amigas, con aprensión llama a algunos amigos, esperando que no tengan de visita a alguna otra mujer. Tratando de parecer casual, y orando que no se note la ansiedad que está sintiendo, pregunta: "¿Qué hay de nuevo? No he sabido de ti por algún tiempo. ¿Has estado fuera de la ciudad? Sí, debemos reunirnos en alguna ocasión." Usted piensa que quizás debió haberse acostado con él la última vez que estuvieron juntos, se notaba un poco frío en el teléfono.

Salir con alguien alivia un poco la situación, pero la soledad de ayer es la precursora de los temores de mañana.

Millones de mujeres saben esto. Sin embargo, hoy hay millares de mujeres que están a punto de decirles a sus esposos que han decidido divorciarse, y mañana habrá muchas más.

Cuando el control de la natalidad llegó a ser generalmente aceptado, rápidamente las mujeres inteligentes se valieron de este simple método. La necesidad justificó su uso. ¿No hay una necesidad igualmente importante de controlar el divorcio? ¿Por qué una precaución es tan importante y la otra ni existe?[5]

Esté usted de acuerdo o no con el inquietante análisis del señor Vanton (yo creo que él tiene mucha razón en cuanto a la desilusión femenina, pero le da muy poca importancia al dolor experimentado por los hombres), mi consejo a las parejas jóvenes permanece inmutable: No permita ni que le pase por la mente la *posibilidad* del divorcio. Aun en los momentos de enorme conflicto y desaliento, el divorcio no es la solución. Lo único que hace es traer una nueva clase de sufrimiento para los que quedan atrás. Protejan su relación conyugal de todo lo que pudiera dañarla, como si estuvieran defendiendo sus propias vidas. Sí, ustedes *pueden* salir adelante juntos. No sólo pueden sobrevivir, sino que pueden mantener vivo su amor si le dan prioridad en su sistema de valores.

Por supuesto, es verdad que la sociedad en que vivimos está obrando en contra de la estabilidad matrimonial. Existen peligros por todos lados, y debemos defendernos con todas nuestras fuerzas. En realidad, creo que sería muy bueno el mencionar en este momento a los grandes asesinos del matrimonio. Cualquiera de los siguientes males puede hacer trizas su relación conyugal si se le da lugar en sus vidas. Ya hemos considerado algunos de ellos, pero tal vez sería útil el enumerarlos y comentar un poco respecto a los mismos.

1. *Demasiados compromisos y el agotamiento físico.* Tenga cuidado con este peligro. Es especialmente insidioso para las parejas jóvenes que están intentando comenzar una carrera o ir a la universidad. *No* trate de ir a la universidad, trabajar tiempo completo, tener un hijo, criar a un niño que está empezando a andar, remodelar la casa y comenzar un negocio al mismo tiempo. Lo que estoy diciendo parece ridículo, pero esto es lo que hacen muchas parejas jóvenes, y luego se sorprenden cuando su matrimonio se derrumba. ¿Cómo no habría de derrumbarse? ¡El único tiempo en que se ven uno al otro es cuando están completamente agotados! Es peligroso en particular, el que el esposo esté extremadamente comprometido y que la esposa permanezca en el hogar con un hijo de edad preescolar. Su profunda soledad produce disgusto y depresión, y todos sabemos a lo que conduce eso. Ustedes *deben* reservar tiempo para compartir juntos si quieren mantener vivo su amor.

2. *El crédito excesivo y el conflicto por la forma en que gastarán el dinero.* Ya lo hemos dicho antes. Pague *al contado* por los artículos de consumo, o no los compre. No gaste más de lo que está a su alcance cuando compre una casa o un auto, dejando muy pocos recursos para salir de paseo, pagar una niñera, u otros gastos necesarios. Distribuya los fondos con una sabiduría como la de Salomón.

3. *El egoísmo.* En este mundo hay dos clases de personas, las que dan y las que toman o agarran todo lo que pueden. Un matrimonio en el que los

dos dan puede ser algo verdaderamente hermoso. Sin embargo, la fricción reina cuando uno da y el otro agarra. Pero cuando los dos agarran pueden destrozarse uno al otro en un período de seis semanas. En resumen, siempre el egoísmo devastará a un matrimonio.

4. *El entremetimiento de los suegros.* Si el esposo o la esposa no se ha emancipado completamente de sus padres, es mejor que el matrimonio no viva cerca de ellos. A algunas madres (y padres) les resulta difícil el conceder la autonomía a sus hijos, y la proximidad fomentará problemas.

5. *Las expectativas no realistas.* Algunas parejas entran al matrimonio esperando un caminito de rosas y una felicidad constante. Las desilusiones que vienen después son una trampa emocional. Ponga sus expectativas de acuerdo con la realidad.

6. *Los invasores del espacio.* Este asesino será difícil de describir en unas pocas líneas, pero trataré de hacerlo. Al decir "invasores del espacio" no me estoy refiriendo a seres del planeta Marte. Más bien, mi preocupación es por aquellos que invaden el espacio que los cónyuges necesitan para respirar con libertad, asfixiándoles rápidamente y destruyendo la atracción entre ellos. Los celos son una de las maneras en que este fenómeno se manifiesta. Otra es la falta de autoestima, que conduce al cónyuge inseguro a invadir el territorio del otro. El amor *debe* ser libre y confiado. Si quiere más información al respecto, puede leer mi libro: *Love Must Be Tough* (*El amor debe ser firme*).

7. *El abuso del alcohol o de otras drogas.* Son asesinos, no sólo del matrimonio, sino de las personas. Huya de esas drogas como si fueran la peste.

8. *La pornografía, los juegos de azar y otras adicciones.* Para cualquiera debería ser obvio que la personalidad del ser humano es imperfecta. Está inclinada a entregarse a formas destructivas de comportamiento, especialmente en los primeros años de la vida. Durante una etapa temprana de la vida, las personas creen que pueden jugar con tentaciones como la pornografía y los juegos de azar sin que les haga daño. Es cierto que muchos se alejan de esas cosas sin haber sido afectados por ellas. Sin embargo, algunos tienen una debilidad y vulnerabilidad que son desconocidas hasta que es demasiado tarde. En ese caso se envician con algo que destruye la estructura de la familia. Esta advertencia pudiera parecer tonta y hasta exagerada a mis lectores, pero durante veinte años he hecho un estudio de las personas que arruinan sus vidas. Sus problemas suelen comenzar experimentando con algo que saben que es malo, y que finalmente termina con la muerte de la persona . . . o de su matrimonio.

Personalmente, yo no me he tomado la libertad de probar ciertos vicios, porque sé que nunca me enviciaré con algo si no le permito meter el pie en la puerta de mi vida. Por ejemplo, Shirley y yo hemos ido a Las Vegas sin jamás haber puesto ni un centavo en una de las máquinas de juego, aunque la reservación del hotel incluía dos rollos de monedas. Me negué a usarlas por la misma razón que el administrador del hotel me las dio. El sabía que si yo podía abrir la puerta de un juego insignificante era posible que entrara por ella. Pero yo no iba a servir los propósitos suyos. Igualmente, Shirley y yo jamás bebemos alcohol. Yo sé que a muchas personas les gusta tomar vino con las comidas, y eso es algo que les concierne solamente a ellas. Pero ni nosotros ni nuestros hijos nunca tendremos ningún problema con el alcohol si nos abstenemos de él totalmente. Es evidente que no estoy en posición de recomendar que todo el mundo haga lo que nosotros hemos hecho, pero habrían menos divorcios si otros lo hicieran.

Cuando yo era miembro del "Comité sobre la pornografía" del Procurador General de los Estados Unidos, escuché los testimonios de personas que creyeron que podían avivar sus vidas sexuales con materiales obscenos. Esas personas descubrieron muy pronto que lo que estaban viendo empezó a serles aburrido; y eso les condujo a buscar material más claramente explícito. Y luego, inesperadamente siguieron yendo por el camino de buscar cada vez cosas más ofensivas y groseras. Para algunos, la pornografía se convirtió en una obsesión que llenó su mundo con toda clase de perversión y maldad. Procuraron las relaciones sexuales con animales, el abuso sexual de niños, orinar y defecar, el sadomasoquismo, la mutilación de los órganos genitales y el incesto. ¿Y cómo ocurrió esto? La puerta fue abierta silenciosamente y un monstruo se precipitó sobre ellos. Quiero dejar bien claro esto: Las restricciones y los mandamientos de la Biblia fueron designados para protegernos del mal. Aunque no es fácil creerlo cuando somos jóvenes, la verdad es que "la paga del pecado es muerte" [Romanos 6:23]. Si mantenemos nuestras vidas limpias y no nos tomamos la libertad de jugar con el mal, los vicios que han causado estragos en la humanidad nunca podrán afectarnos. Esta es una idea muy antigua, pero aún creo en ella.

9. *La frustración sexual, la soledad, la falta de autoestima y la atracción de la infidelidad.* Esta es una combinación mortal.

10. *El fracaso en los negocios.* Esto afecta especialmente a los hombres. A veces, la inquietud que experimentan por causa de los reveses de fortuna se expresa por medio del enojo dentro de la familia.

11. *El éxito en los negocios.* Es casi tan peligroso el tener un tremendo éxito en los negocios como el fracasar rotundamente. Salomón dijo: "No me des pobreza ni riquezas; manténme del pan necesario" (Proverbios 30:8). Edward Fitzgerald lo dijo de otra forma: "Una de las páginas más tristes de las mantenidas por el ángel registrador es aquélla en la que están anotadas las almas que han sido destruidas por el éxito." Esto es cierto. A veces, ¡los que obtienen grandes ganancias se embriagan de poder y codician *más!* Y como resultado se olvidan de sus esposas e hijos.

12. *Casarse demasiado joven.* Es dos veces más probable que las muchachas que se casan cuando tienen entre catorce y diecisiete años se divorcien, que las que tienen dieciocho o diecinueve. Las que se casan a los dieciocho o diecinueve están una vez y media más expuestas al divorcio que las que tienen veinte años. Las presiones de la adolescencia y las tensiones de la temprana vida matrimonial no hacen una buena combinación. Llegue al final de lo primero antes de entrar a lo segundo.

"Protejan su relación conyugal de todo lo que pudiera dañarla, como si estuvieran defendiendo sus propias vidas."

Estos son los terribles asesinos del matrimonio que he visto más frecuentemente. Pero en realidad, la lista es casi interminable. Todo lo que es necesario para que las malas hierbas más fuertes crezcan en la acera de su casa es que haya una pequeña grieta. Si ustedes van a superar las probabilidades de fracaso y mantener una relación matrimonial íntima y duradera, tienen que tomar la tarea en serio. El orden natural de las cosas los alejará a ustedes en vez de acercarlos.

Déjeme que lo diga de otra manera. No muy lejos de donde yo nací, el poderoso río Misisipí serpentea por el campo. Es un hermoso río, pero tiene una voluntad propia. Aproximadamente a unos 115 kilómetros de su desembocadura, el gobierno está teniendo una tremenda batalla para impedir que este poderoso río cambie su curso a un descenso más corto y abrupto hacia el golfo de México. Si el Misisipí se saliera con la suya, los resultados serían catastróficos para las ciudades y granjas que están en el lado de su descenso. Toda la topografía de la región sufriría un cambio. Las ciudades portuarias perderían sus terrenos cercanos a las orillas del río y también perderían su estilo de vida. Otra región quedaría sepultada en las aguas. Los ingenieros calculan que propiedades por un valor de billones de dólares serían destruidas si se perdiera esa batalla, y hasta el momento existen dudas en cuanto a cuál será el resultado final.

En cierto modo, la batalla por salvar a la familia se parece a ésa. Sin considerable esfuerzo y la inversión de recursos, las riberas se desbordarán y la ruina será grande. Ese es el mundo en que vivimos. Como dijimos en el primer capítulo, de cada diez matrimonios sólo uno o dos llegarán a disfrutar de la intimidad que buscaban tan ansiosamente.

Permítame repetir la pregunta que formulé antes: ¿Cómo van a superar ustedes las probabilidades de fracaso? ¿Cómo van a edificar una relación sólida que dure hasta que la muerte los separe? ¿Cómo van a incluirse en ese grupo, cada vez menor, de parejas entradas en años que han acumulado toda una vida de recuerdos y experiencias felices? Aun después de cincuenta o sesenta años, todavía se buscan mutuamente para estímulo y comprensión.

Sus hijos crecieron en un ambiente estable y amoroso, y por eso no tienen feas cicatrices o amargos recuerdos que necesiten borrar. No es necesario que alguien les diga con delicadeza a sus nietos por qué "abuelita y abuelito ya no viven juntos". Sólo reina el amor. Esa es la manera en que Dios lo dispuso, y todavía es posible que ustedes lo logren. Pero no tienen tiempo que perder. Refuercen las riberas del río. Aseguren los diques. Traigan las dragas y hagan más profundo el cauce. Mantengan las poderosas corrientes en su curso adecuado. Solamente esa clase de determinación protegerá el amor con que ustedes comenzaron, y hay muy pocas cosas en la vida que podrían ser tan importantes como eso. Si usted no está de acuerdo, lea otra vez este libro, porque no ha comprendido algo que es vital.

"Los grandes comienzos no son tan importantes como la forma en que se llega al final."

Sólo estamos de paso

En el mes de agosto de 1977, mi esposa y mis hijos me acompañaron en un corto viaje para visitar a mis padres que vivían bastante lejos de nosotros. Todos disfrutamos de varios días junto con ellos antes de llegar finalmente el momento en que teníamos que salir de regreso a nuestro hogar. Mientras íbamos en dirección al aeropuerto, donde habríamos de despedirnos, le pedí a mi padre que orara por nosotros. Nunca olvidaré sus palabras. El terminó su oración diciendo lo siguiente:

Y Padre, queremos darte gracias por el compañerismo y el amor que en este día sentimos los unos por los otros. Hemos pasado momentos muy especiales con Jim, Shirley y sus hijos. Pero, Padre celestial, nos damos perfecta cuenta de que el gozo que es nuestro hoy es un placer temporal. No siempre nuestras vidas estarán estables y seguras como ahora. El cambio es inevitable, y sabemos que también habrá de venir a nosotros. Por supuesto, lo aceptaremos cuando venga, pero te alabamos por la felicidad y el cariño que han sido nuestros durante estos pocos días. Hemos recibido muchas más cosas buenas de las que merecemos, y te damos gracias por tu amor. Amén.

Poco después, nos abrazamos y nos despedimos, antes de subir al avión. Una semana más tarde, de repente, mi padre se puso las manos en el pecho y le dijo a mi madre que llamara a la ambulancia. El día 4 de diciembre, de ese mismo año, mi padre partió de este mundo. Y ahora, mi madre se encuentra paralizada como resultado de la enfermedad de Parkinson en su última etapa, y además está al borde de la muerte. Cuán rápido cambió todo.

Hasta el día de hoy, tantos años después, la última oración de mi padre hace eco en mi mente. Toda una filosofía se encuentra contenida en esa idea sencilla: "Gracias, Dios, por lo que tenemos y que sabemos que no podemos retener." Yo quisiera que cada pareja recién casada pudiera captar ese concepto. Si nosotros solamente nos diéramos cuenta de lo breve que es nuestra vida en este mundo, entonces la mayoría de las cosas que nos irritan y la mayoría de las frustraciones que nos separan, parecerían terriblemente insignificantes. Nuestra vida es muy corta y, sin embargo, la contaminamos con riñas, insultos y palabras dichas con enojo. Si comprendiéramos por completo la brevedad de la vida, nuestro mayor deseo sería agradar a Dios y servirnos mutuamente. En cambio, la ilusión de la permanencia nos conduce a pelear y atacar para tener el poder, y a exigir lo mejor para nosotros.

Hace algunos años, un buen amigo mío abandonó a su esposa y a sus hijos para casarse con una mujer que se había divorciado recientemente. Los dos tenían unos cincuenta años de edad. Recuerdo que cuando escuché la noticia pensé: *¿Por qué lo hiciste? ¿No sabes que dentro de muy poco tiempo estarás delante de Dios? ¿Cómo explicarás el rechazo y el dolor que les has causado a tus seres queridos? ¡Qué terrible precio será el que tendrás que pagar por una aventura tan breve!*

"Gracias, Dios, por lo que tenemos y que sabemos que no podemos retener."

Hombres y mujeres jóvenes que se encuentran en los umbrales de la vida matrimonial, espero que puedan poner sus actitudes en armonía con esta perspectiva eterna. Traten de no *preocuparse* tanto acerca de cada detalle insignificante que les separa de sus seres queridos. De todas formas, todo es vanidad. Eso fue lo que nos dijo Salomón. ¿Han tratado alguna vez de recordar una pelea de importancia que tuvieron hace unos seis meses con un amigo o con un miembro de su familia? Es muy difícil recordar los detalles, incluso una semana después. Lo que hoy es un momento de intensidad ardiente, será un recuerdo borroso mañana. No se aferren a la vida, y decidan que no cometerán pecados deliberados. Esa es la clave de la felicidad.

Un último pensamiento

Permítame concluir con una ilustración de mis años universitarios. Durante mi primer año en la universidad participé en la carrera de los 1600 metros planos, con otros veinte hombres. Yo me encontraba en muy buenas condiciones físicas y terminé en segundo lugar. Había un destacado alumno del último año, quien rara vez perdía, el cual ganó la carrera. Cuando llegó mi segundo año en la universidad, ya él se había graduado, y me dejó el camino libre. Pero, lamentablemente, para ese entonces, yo había descubierto a las muchachas y había dejado de entrenarme para los deportes como debía. No me imaginaba que mi cuerpo iba a fallarme el día de la carrera. Llegué a la pista lleno de confianza, y cuando sonó el disparo de la pistola eché a correr rápidamente hacia la primera curva, dejando a todos los demás corredores atrás. Me sentía muy bien. Pero, al comenzar a acercarme a la segunda curva, el costado me dolía terriblemente y los demás corredores se me acercaban cada vez más. Para cuando completé la primera vuelta, estaba tragando aire frenéticamente y el pecho se me agitaba como el de una ballena. Corredores a los que yo les había ganado el año anterior me pasaban por ambos lados, y un solo pensamiento me cruzaba por la mente: *Saca tu cuerpo de esta pista antes que tus pulmones exploten.* Me desplomé encima de la hierba del campo interior, empapado en sudor, y hundido en la vergüenza y el fracaso. Levanté la mirada en el momento justo para ver a mi novia que se iba del estadio con la cabeza baja. ¡Qué momento más duro fue aquel para el que había sido un orgulloso estudiante universitario de segundo año!

Afortunadamente, ese día aprendí una lección muy valiosa en la pista de carreras. Me di cuenta de que los grandes comienzos no son tan importantes como el hecho de llegar a la meta. Todos hemos visto a hombres y mujeres que rápidamente deslumbraron al mundo para luego terminar en deshonor y ruina. ¿Se da cuenta? La mayor parte de la vida es un maratón y no un "sprint"; y la presión para darse por vencido parece aumentar según pasa el tiempo.

Eso es muy cierto en cuanto a la vida cristiana. Es a lo que el apóstol Pablo se refirió cuando dijo: "He peleado la buena batalla, he acabado la carrera, he guardado la fe" (2 Timoteo 4:7). Con estas palabras, Pablo estaba expresando su satisfacción de haber llegado a la meta sin haberse rendido bajo la presión.

También la vida matrimonial es como un maratón. *No es suficiente tener un gran comienzo hacia un matrimonio que perdure.* Ustedes necesitarán la determinación para perseverar, aun cuando cada una de las células de sus cuerpos anhele abandonar la carrera. Solamente entonces podrán llegar al final. Manténganse firmes. Shirley y yo estaremos esperándoles al final de la carrera en la meta.

Feliz aniversario . . . ya sea el primero o las bodas de oro.

Abuelo, cuéntame de los días de ayer

Abuelo, cuéntame de los días de ayer.
A veces parece que el mundo se ha vuelto loco.
Abuelo, llévame al mundo de ayer.
Cuando el límite entre lo bueno y lo malo
   no parecía tan difícil de ver.

¿De veras los enamorados para siempre se unían,
Manteniéndose juntos ante lo que pudiera ocurrir?
¿De veras su promesa fielmente cumplían,
No era algo dicho sólo por decir?

¿De veras las familias unidas oraban?
¿De veras los papás nunca el hogar abandonaban?
Abuelo, cuéntame de los días de ayer.

Abuelo, todo está cambiando rápidamente.
Lo llamamos progresar, pero yo no sé.
Por favor abuelo, recuerda el pasado,
Y luego píntame un cuadro de lo que fue.

¿De veras los enamorados para siempre se unían,
Manteniéndose juntos ante lo que pudiera ocurrir?
¿De veras su promesa fielmente cumplían,
No era algo dicho sólo por decir?

¿De veras las familias unidas oraban?
¿De veras los papás nunca el hogar abandonaban?
Abuelo, cuéntame de los días de ayer.
Abuelo, cuéntame de los días de ayer.[6]

NOTAS

1. Desmond Morris, *Intimate Behavior (Comportamiento íntimo)*. [New York, Random House, 1971]. Usado con permiso.

2. Dr. Paul Popenoe, "Are Women Really Different?" *(¿Son realmente diferentes las mujeres?) Family Life*, vol. 31 [febrero de 1971]. Usado con permiso.

3. "I Am A Rock" ["Soy una roca"], copyright (c) 1965 Paul Simon. Reservados todos los derechos. Usado con permiso.

4. Tomado de la columna de Ann Landers, (c) *Los Angeles Times* Syndicate. Usado con permiso.

5. Monte Vanton, *Marriage: Grounds for Divorce (El matrimonio: Causas para el divorcio)*. [New York, Victoria Press, una sección de Simon & Schuster, 1977]. Usado con permiso.

6. "Grandpa, Tell Me 'Bout the Good Old Days" *(Abuelo, cuéntame de los días de ayer)*, canción cantada por Wynonna and Naomi Judd, (c) Hal Leonard Publishers. Reservados todos los derechos. Usado con permiso.